Leaves Publishing

根　以讀者爲其根本

莖　用生活來做支撐

葉　引發思考或功用

果　獲取效益或趣味

首次顛覆政治立場的「另類合作」

專治「政治冷漠症」的「心理勵志書」

根治「政治焦躁症」的「入門教戰手冊」

政治這 YOUNG 玩

王昱婷 /王欣儀 /阮昭雄 /趙天麟 ◎合著

三色堇 PANSY

政治這Young玩

作　　者：王昱婷、王欣儀、阮昭雄、趙大麟
出 版 者：葉子出版股份有限公司
發 行 人：宋宏智
主　　編：林淑雯
企　　劃：洪崇耀
行銷企劃：汪君瑜
責任編輯：姚奉綺
文字編輯：王佩君
美術編輯：顧若蕾
封面設計：視覺設計事務所‧陳乃瑜
專案行銷主任：吳明潤
地　　址：台北市新生南路三段88號5樓之6
電　　話：(02) 2366-0309　傳真：(02) 2366-0310
讀者服務信箱：service@ycrc.com.tw
網　　址：http://www.ycrc.com.tw
郵撥帳號：19735365　　　　戶名：葉忠賢
印　　刷：鼎易印刷事業事業股份有限公司
法律顧問：北辰著作權事務所
初版一刷：2004 年 8 月　　　定價：新台幣 250 元
I S B N　：986-7609-31-X

國家圖書館出版品預行編目資料

政治這Young玩／王昱婷等著.
-- 初版. – 臺北市：葉子, 2004 [民93]
　　面；　公分. – （三色堇）
　　ISBN 986-7609-31-X（平裝）
1. 政治 - 文集

570.7　　　　　　　93010348

總 經 銷：揚智文化事業股份有限公司
地　　址：台北市新生南路三段88號5樓之6
電　　話：(02)2366-0309
傳　　真：(02)2366-0310

※本書如有缺頁、破損、裝訂錯誤，請寄回更換

目錄 CONTENTS

※附註：依姓氏筆劃順序排列

第一場

PART one

第二場

PART two

【推薦序】

《 一 》

　　我在西元一九七五年進入立法院，當時，還是老委員的時代，而我已算是立法院最年輕的立法委員。進入立法院之後，一切都靠自己從摸索中學習，當時的立法院還沒有建立立法委員助理的制度，承蒙老委員不厭其煩指導，所以雖是新手上路，卻從第三任開始便擔任財政委員會召集委員等重要的職務，以當時的政治環境來說，已經相當難能可貴。但是，長江後浪推前浪，五年半前我的晚輩──昱婷──以二十四歲的年紀當選第四屆的立法委員，更在第四屆的第一會期就當選了科技及資訊委員會的召集委員，真是後生可畏！

　　昱婷以政壇新手縱橫於立法院的許多老前輩之間，問政風格成熟，絲毫不見生澀，加上昱婷努力又肯上進，衝勁十足，五年多下來，累積了不少的問政成果，堪稱國民黨中的明日之星。我想昱婷甫進入政壇就能有如此亮眼的表現，與她曾經擔任立法委員助理有相當大的關係。誠如本書四位作者所言，擔任立法委員助理是從政的第一步，是政壇入門的第一課，立法院是全國的政治舞台，也是媒體的聚焦點，代表著不同族群、不同政黨、不同背景、不同立場的全國代表齊聚於此，各自為理想或選民的利益發聲，這麼一個多元而鮮活的學習環境與教材，任何課堂都無法比擬。對於許多有志的年輕人來說，立法院如同一座寶山，有著豐富的資訊與資源，如果能善加利用、努力汲取，必然會有很大的收穫。然而很多事情都是一刃兩面，在立法院中如果不能好好把持自己、堅定理想，也會很快沉淪。這幾年來，我看著許多年輕的助理順利地在政壇展露頭角，他（她）們表現優異而熟練，欣慰之餘也確信，這與他（她）們在立法院的歷練有相當大的關係。

　　事實上，立法委員助理制度是一步一步建立起來的。最早是從一九八五年二月間開始，由院方補助委員一萬五千元自聘助理一人，到了一九九一年七月每位委員再增加一位選區助理。從一九九二年二月開始，每位委員可聘兩位公費助理，連同兩位自聘助理，每位委員就有四位助理，委員辦公室因而粗具規模，到了七月，這四位助理全部統一為公費助理。之後，隨著九三年二月、九八年十二月兩度對立法院組織法第二十六條之一的修改，助理名額增加為六至十人，立委助理制度已堪稱完備。目前立法委員平均聘任助理名額約為八人左右，助理人數維持在一千八百

人上下。由於立法委員三年一任的關係，助理的汰換率相當高，所以不容易當作是長久性的工作，即便如此，如果一生中能經過立法院的歷練階段，相信對未來的人生一定會有很大的影響。

　　很高興看到四位在政壇上已有相當成就的年輕人打破黨派藩籬，共同將自己人生中一個寶貴階段的心得寫出來與社會分享，透過他（她）們生動的筆觸，我隱然看見國家無窮的生命力與希望。

立法院院長

王金平

【推薦序】

《 二 》

極願播下一顆心靈的種籽

　　歷經兩次總統大選，都發生了不可預料的變化。政治舞台，挫折難免。古人「揖讓而升，下而飲，其爭也君子」，這是政治人物應有氣度，也是政治良善循環的機制，更是一個民主國家應有的制度。只不過，台灣的政治走到今天這般田地，不禁令人擔心，民主制度、君子之爭還在不在？政治真的得這樣玩嗎？我們到底要如何告訴我們的青年學子及後代子孫，台灣的這條民主道路究竟何去何從？

　　投身政治數十年，楚瑜始終抱持著一個信念，政治，是一個為民謀福祉，為社會謀進步，為國家謀發展的一個手段，不論擁有或使用這項政治的權力時，必須要有一項最重要的前提，那就是愛國家、愛社會、愛人民，否則權力行使將變成自私、自利、自大，終至腐化。

　　楚瑜常覺得政治是一項服務的工作、貫徹的工作，也是一項吃力而不討好的工作，雖然經常是「做呷流汗，嫌呷流涎」，但是，楚瑜認為，這樣的歷練，才更是一個成為未來偉大的政治家所必須經歷的，所以，對許多年輕的朋友想投入政治，楚瑜都會告訴他們，人生在世，要想贏得成功，不一定是仗著聰明、財勢或是家世，而是肯幹、　肯學和能堅持的人。而這樣的人，未來在政治舞台上，也必然會是一位「勤政」的人。時間久了，經歷多了，就自然能在政治的濁浪中認清方向，在政治的迷局中找到目標，昂首闊步，不畏不懼。

　　時代興替，新人輩出，時下已有許多優秀的年輕人，投身政治一展抱負，楚瑜藉此提出經驗分享：「個人前途放兩邊，人民福祉放中間，不畏浮雲遮望眼，盡其在我氣自軒」。此外，楚瑜也以一句前輩所言：「風聲、雨聲、讀書聲，聲聲入耳；家事、國事、天下事，事事關心」與大家共勉。

　　楚瑜終究願意相信，台灣的民主是有制度的，是有機制的，是一個君子之爭，只要你懷抱理想，無私無我，面對當前的政治亂象，能夠明辨是非，知所堅持，那麼，後起之秀的你，終究可以循著應有的從政歷程，一展抱負。儘管當前「世風日下，人心不古」，然而我們是憤世嫉俗好

呢？還是隨波逐流好？楚瑜認為兩者都不好，因為那是一種消極的人生觀，既不能使人活得平安、快樂、有意義，對謀求整體的改善、發展，更是毫無益處！我們何不秉持「捨我其誰」的抱負，在濁浪滔天之中，堅定做中流砥柱的決心？

欣儀是一位聰慧進取的年輕人，不僅有著現代青年的拚勁，更有服務人群捨我其誰的勇氣，從其參選到進入台北市議會問政，均充分展現其有為有守、敢言果決的政治特質。

欣儀在當選議員之後，不僅秉持廉潔操守，從不涉及任何包攬工程及利益掛鉤，本份做一位為民喉舌、認真問政的專業議員，對於服務地方、推動公益更是不遺餘力，不僅經常為民眾排憂解難，並且也 擔任愛盲等公益團體顧問，戮力照顧弱勢族群，爭取各項福利。一年多來的服務表現，深獲市民的讚譽及信賴。

在議會問政上，欣儀更以其縝密的思緒及用心問政的態度，積極關心市政，其在教育及環保等市政上的監督及問政表現，令人刮目相看，也贏得議會同僚及台北市政府高度肯定。

以欣儀如此優秀的表現，實為現代青年人之表率。欣聞欣儀大作將付梓，相信以其踏入政壇的歷程，必能給予年輕人從政時寶貴的經驗及努力的方向，楚瑜受託作序，謹以「江山代有賢人出，青出於藍勝於藍」為年輕人打氣、加油，並祝本書暢銷成功。

親民黨主席

【推薦序】

《三》

就像《白宮風雲》一樣

在台灣，罵政客和罵記者，就像每天照三餐吃飯一樣自然。沒有加入這場全民運動的人，不是單純天真或涉世未深，就是神經大條或神經麻痺。

而在這種如同過街老鼠的社會氛圍中，一個中古記者竟然還敢替幾個年輕政客寫的書作序，這種行徑不是自討苦吃、擺明了欠罵，就是不自量力、以為記者是什麼東西。

坦白說，本書作者群中，我只對阮昭雄有一定認識、與趙天麟有一面之緣，其他兩位作者並不相識。我之所以一時衝動逆勢而為，主要是因為最近看了得獎無數的美國影集《白宮風雲》後頗有感觸，覺得應該為年輕世代投入政治志業給予更多鼓勵與期許。

台灣六、七年級的年輕世代，可能會很羨慕羅文嘉、馬永成等五年級「學運世代」有機會在政壇上大展身手；然而，與《白宮風雲》中白宮年輕幕僚的政治磨練相較之下，台灣五年級世代的際遇挑戰只是小巫見大巫而已。

為求戲劇效果，《白宮風雲》對於白宮年輕幕僚的所作所為，不免流於過度美化與合理化，彷彿這批年輕幕僚眼中只有國家利益、社會公平正義而無個人濫權謀利；坦白說，這與一般人民對於政治、政客的印象截然不同，人民對於政治愈來愈失望、對於政客愈來愈厭惡，不僅美國如此，台灣更是這樣。

但是，如果連新生代都對政治無比冷感、冷漠，政治還有什麼希望？

就像《白宮風雲》一樣，台灣社會需要一些明知政治非常醜陋，還是願意獻身政治志業的年輕世代；台灣社會也需要一些明知政治就是勾心鬥角，還是願意在其中尋找正面願景與價值的年輕世代。

五年級世代已開始在台灣各領域扮演中堅角色，但隨著更加社會化、世故化並掌握權力資源，五年級世代也已逐漸成為社會既得利益的一部份，未必能夠承擔台灣社會對於改革的期待。

六、七年紀世代就不一樣，他們可能不像五年級世代有很多衝撞體制的機會，也不像五年級

世代那麼熟悉權力運作；但是，他們沒有五年級世代殘留的歷史包袱，他們有的是用不完的理想熱情，以及無所畏懼的正義感，這就是他們最大的資產。

我不知道，像阮昭雄這樣投入政治志業的年輕世代，未來有沒有機會像他的「老闆」謝長廷一樣在政壇發光發亮；我也不知道，像阮昭雄這樣把「人生即是禪，人生即修行」當作伊媚兒語錄的年輕世代，未來可不可能在他的人生路途走出另一番禪意與修行。

但我知道，這個社會對於政客與記者有多麼厭惡，唯有更多充滿理想熱情、活潑創意的年輕世代投入，這種厭惡感所帶來的冷漠與失望才會慢慢解凍，也才能為台灣未來灑下樂觀與希望的種子。

《中國時報》主筆
政治組副主任兼國會小組召集人
《學運世代 一眾聲喧嘩的十年》作者

【推薦序】

《四》

　　沒有任何一條法律或社會法則規定，政治是屬於老人家的玩意兒。但是許多研究顯示，民主國家各年齡層的投票率，往往隨著年齡的提高而遞增。最現實的結果就是：各政黨的政策，不得不偏向高齡者的喜好，也使得年輕人對政治的厭惡及疏離感更為強烈。

　　出席的人，才有權作主。年輕人對政治不願表達意見、不想參與，或是沒有人為年輕人發聲、說出他們心中的想法，等於喪失對未來的發言權。是年輕人誤解了政治，還是政治人物誤解了年輕人？我想，大家都有責任。但是，這樣的情況，必須加以扭轉。

　　創造歷史是不分年齡的。亞歷山大大帝在二十歲那一年當上馬其頓的國王，三十歲時他的國家的版圖已經橫跨歐亞非三大洲。邱吉爾在三十一歲時，成為大英帝國的內閣成員。約翰甘迺迪則是在四十三歲時，成為美國最年輕的總統。他們都是才華洋溢、衝勁十足、努力且有獨到眼光，這些才是成功最重要的因素。

　　社會不應該教導年輕人畫地自限。我們會鼓勵年輕人在求學就業等方面全力以赴，但是我們的社會似乎不怎麼鼓勵年輕人去了解、參與政治。政治工作，其實跟社會上大部分的行業一樣，有溫暖，也有誘惑；有光明，也有黑暗；有理想，也有現實。但它有一點，真的跟其他行業很不一樣：它影響你、我，影響了成千上萬的人。一個有智慧、誠懇有為、有原則的國家領導人，甚至能夠造福無數的後代子孫。

　　你可以假裝沒看到政治人物，在電視上看到政治新聞就轉台，但是政治對你的影響不會因此就消失不見。政治會決定你要交多少的學費，也會決定你要繳多少的稅金。政治會影響你找不找得到工作，也會影響你退休之後的生活……所以，你是打算讓政治來決定你，還是由你來決定政治呢？！

　　美國有一部以白宮運作為主題的劇情影集《白宮風雲》，從1999年開始播映，迄今已連續蟬連了四年的艾美獎，深受歡迎。它讓觀眾在觀賞劇情的同時，也理解了政府的運作方式及重要的政策議題。因此，連柯林頓總統也盛讚它「重建人民對政府的信心」。德國總理施若德的夫人也曾經與二十七位德國文化界人士，以輕鬆、另類的筆調撰寫了一本《總理住在游泳池》，向德國

的年輕人介紹德國的政治，亦頗受好評。這表示政治工作既不純是新聞上令人生厭的口水戰，也不是艱澀複雜到完全無法向人民說明，端看題材的表現方式。

身兼國民黨的副主席，

欣見昱婷在立法院的問政成績、認真執著，風格清新、有目共睹；堪稱國民黨中的明日之星。我非常樂於看到昱婷等國內四位跨黨派的青年政治工作者，聯手撰寫這本《政治這Young玩》。這對於建立公民社會、深化民主，具有非常正面的意義。誠摯地希望它的出版，能讓年輕人認識政治，進而關心政治、勇於表達、樂於參與、勤於監督，終能發揮改善政治生態、扭轉政治風氣。

台北市長

【推薦序】

《五》

　　美國前眾議院議長歐尼爾（Thomas P. "Tip" O'Neil）曾經說過一句膾炙人口的名言：「所有的政治都是地方事務」（All politics is local politics.），親民黨宋楚瑜主席在許多演講的場合，也經常引用這句名言。歐尼爾當年問政的風格，是直接與農民、工人、鞋匠、學生及小市民們溝通，傾聽他們的需要，把他們的聲音帶入國會殿堂，並從他們身上了解政治對社會大眾所造成的實際影響。這種作風，讓歐尼爾成為深受美國人尊敬的政治領袖，也成為美國政治史上的傳奇。

　　歐尼爾的話，其實道出了政治的箇中三昧。在民主時代，政治不是遠在天邊的事，政治人物必須時時體會回應選民的需要。特別是地方事務，與每個人的生活息息相關，民眾的反應更是直截了當。中央跟地方，有如心臟與血管，縱然地方事務經常流於瑣碎，卻絕對是政治體系不可或缺的一環。

　　我國雖然不是聯邦制國家，但對地方自治的制度性保障，卻是明文規定在憲法之中，跟世界上許多國家相比，我國地方自治的法律地位其實是相當崇高的。但是，台灣民主政治的品質、地方自治的體質，還有許多需要改進的地方。這必須仰賴市民的持續關心，以及不斷有像王欣儀議員這樣的新血輪的投入。

　　王議員從市議員辦公室主任轉戰新聞界，最後又受選民託付，回到市議會擔任議員，可說是一段難得的過程。

　　王議員所述之助理工作內容，讓人聯想起有一部曾經拍成電影的美國小說《原色》（Primary Color，又譯為《風起雲湧》），書中有一位擔任政治人物幕僚的角色形容自己「像月亮」，因為月亮不會自己發光，若是沒有太陽，它只是太空中又黑又冷的大石頭。其實，不只是助理幕僚，任何政治人物都不該忘記，自己只是向選民「借光」的月亮。選民，才是真正的發光體、國家真正的主人。

　　因為王議員曾經身為新聞工作者，讀者透過她的眼睛看政治，有高瞻遠矚，也有冷眼批判。眾生相，怪現象，對她來說都是信手拈來，卻又引人入勝。在她的筆下，無論是談參選過程，或

是描述權力造成的腐化，都讓人讀來既親切又深刻。期待王議員如此現身說法，能讓年輕人對政
治工作的內容、政治人物的良窳，都有全新的了解。

　　是為序。

　　　　　　　　　　　　　　　　　　　　　台北市長

【推薦序】

《 六 》

　　第一次見到天麟,是在澄清湖球場。他比選舉宣傳看板上的照片,感覺年輕許多,那天晚上我跟錢定遠評論完球賽走出球評室的剎那,不禁大聲叫起「趙天麟」的名字,因為二〇〇二年市議員選舉,我那張神聖的選票就是投給他的。這是一場我從未預期的碰面!

　　「我從小看你打棒球長大的!」這是天麟對我說的第一句話。嗯,看著我打球長大的小球迷現在當選了議員,這種感覺真不賴!我是高雄市民,對高雄的一切不僅熟稔,更多了一份關懷。和天麟談天的話題除了他與我都熱愛的棒球運動外,有更多話題在高雄市的體育建設與風氣打轉著。我家就在高雄立德棒球場旁,年幼時的我,把立德球場當是我心中的棒球神殿,她也是所有打棒球的高雄小選手心目中的神殿,只要我們能來到立德打球,就象徵著向夢想的實現跨進了一大步。對於立德棒球場今日的頹圮,我和天麟有著相同的唏噓,他提到自己正致力於實踐「重建立德棒球場」的政見,我們同時也對立德球場的夜晚,因為沒有職棒賽程而黯淡有著深刻的感觸。我告訴天麟,在推動立德重建案上如果有我可以使上力的地方,千萬不要客氣,讓立德球場重新亮起,是一個打棒球的高雄人應盡的責任。

　　沒想到,我和天麟第二次的見面就真的是為「立德」而來,他在高雄市議會盛大舉辦一場爭取立德球場的活動,我和中華職棒聯盟秘書長李文彬及中信鯨徐生明總教練等人陪著天麟向高雄市謝長廷市長及蔡見興議長請命,也在議事廳旁聽席上聆聽著天麟對立德願景的規劃,並獲得謝市長公開允諾球場的重建。在爭取立德重建案上,我看見一位年輕球迷對棒球的熱愛,也感受到這位球迷當選議員後,透過政治實現每一位球迷的共同心願。原來「政治」能夠這樣可愛,「政治」也能這樣「玩」。這本書有更多像立德棒球場這樣「棒」的故事,推薦大家來閱讀。

中華職棒大聯盟
La New 高熊隊總教練

洪一中

「年輕、活力、專業與親和力」是我對天麟的印象，也是台灣團結聯盟最引以為傲的形象。

台聯是一個年輕的政黨，誕生於台灣政經、社會文化演變劇烈的關鍵時刻。在國會，台聯是穩定政局、壯大台灣的力量；在地方，則是台灣國家意識及本土化理念向下紮根的尖兵。

高雄市議會正副議長賄選案爆發，台聯是唯一不賣票的政黨，成為高雄市議會捍衛政黨政治尊嚴的最後一道防線。天麟，一位台聯培育出的年輕政治工作者，甫站上政治舞台，即展現抗拒誘惑、堅持清廉的政治風骨，這份來自年輕人的高度理想性格，是台聯最為肯定，也引以為傲的特質。

二十九歲當選高雄市議員的天麟，父親是台灣新住民（外省籍），外省第二代的他長期擔任專業政治幕僚，關注台灣政治改革與國家獨立運動。天麟的例子顯現六、七年級的台灣年輕世代不存在族群分立，只有是否認同台灣是我們祖國的考驗。

四個不同政黨的年輕從政者共同出版的本書，是年輕朋友關心政治、投入政治的必備工具書。政治人物的養成雖沒有定律，但年輕政治人物在政治這條路上的酸甜苦辣與心路歷程，確是難能可貴的「政治武林秘笈」，並可讓廣大非政治人物的讀者，輕鬆快速地一窺「政治圈」面貌。

年輕的台聯、年輕的天麟，在您閱讀本書之餘，也歡迎您加入台灣團結聯盟的大家庭，成為下一位年輕優秀政治人物──趙天麟。

台灣團結聯盟主席

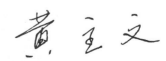

【推薦序】

《八》

　　十四歲時，我是美麗島大審的辯護律師；三十五歲時，我當選台北市議員，注定走向「政治這條路」，當時被稱為「新生代」，也算是青年從政。對於青年從政，我總有滿腔的期許和些許的不捨，期許的是青年從政為社會帶來清新的力量和活力，是值得鼓勵的；不捨的是，從政的人總要有所「捨得」，才能成為一個高品質的政治工作者，取捨之間總是掙扎。政治工作現在已成為年輕人志業選項之一，政治工作更是人生格局的展現。

　　總希望有一本書可以給要從政的年輕人一些想法和刺激，所以當昭雄提出這個想法，要出一本有關「從政」的書籍，我是相當期待的。要既不八股又要有豐富的內容，本來就很困難。而昭雄能號召四個不同政黨的青年從政代表共同出書，更是實屬不易啊！這算是另類的「政黨合作」吧！昭雄在我兼任民進黨主席時，擔任青年發展部主任，任職期間相當認真負責，對青年人才的培訓工作更是有心。他排除眾議創辦了「國會助理研習班」，一個班級從初級班到高級班訓練時間長達一年，為社會訓練更多政治人才的企圖心相當明確，而我也相當支持。對於政黨人才的養成，絕非一朝一夕可以成就的，而昭雄願意做這樣的工作，可見有其長遠的見識和眼光。

　　這本書相當有趣，這些身為「青年政治工作者」的作者們，以他們既年輕但又擁有豐富政治經驗的人生歷程，著書與讀者分享，這在目前社會功利取向的價值觀裡實屬難得，是一本相當具有可讀性的新書。昭雄擁有執政黨一級主管的黨務工作經驗，而其他三位作者則有不同層級和區域的民意代表經驗，要四本書才有的豐富內容，在這本書中充分展現。昭雄為人抬轎也有十年了，未來他自己坐轎時或許又會有不同的心得。

　　這是一本相當值得推薦的好書，希望它的出版，可以為台灣政治文化增添一些清新的感受。

高雄市長

謝長廷

【自　序】

　　四個不同政黨、四個不同的政治位置、兩個不同的性別，這些個不同能產生出什麼火花是我們好奇的。過去，小孩說到政治時大人總是說：「小孩子有耳無嘴」，不要管那麼多。政治可以是生活的、輕鬆的、有創意的，在我們年輕卻又參與政治工作如此深的生命裡，或許有些東西可以給年輕朋友一些建議，於是我們寫了這樣的書。

　　每一個人初次接觸政治的開啓各有不同，我們其中有家學淵源、有大學時代參與學運、有從社會觀察角度進而參與政治。這些角度的不同，正是我們可以透過我們共同出書來豐富內容。大家談起政治各有學問，在日本許多政治家是從小被培養，長大就是要從事政治。而我們四個作者則是不約而同選擇了政治，卻都不是自己原先的生涯規劃。時代進步了，談論政治、參與政治已不是禁忌了，政治工作已可以成為是「我的志願」的選項之一了。

　　我們希望這本書不只可以成為讓有心從政年輕朋友的「教戰手冊」，更是一本從政工作的「態度手冊」，有一個正確的價值觀，從事政治工作才不至於走偏，不管你的政治立場為何？意識型態為何？為社會服務、以服務的精神從事政治工作這樣的前提才能確立。不管未來在哪個政治位置上，才不會忘了當時從政的初衷。在你讀了這本書，可以心情愉快，知道政治不見得是那麼嚴肅而無趣，也可以了解政治不是「政治學」課本中那樣咬文嚼字，政治就是你生活中的空氣一般，缺他不可。

　　這本書可以出版可不容易，首先要把我們四各不同政黨的人湊到一起，又要在時限內「逼」我們寫出精彩的內容，這個就像我們所談的政治裡「理想」若不透過實踐，那個哪是「理想」啊！總之，我們四個人很有行動力把他完成了，裡面沒有謾罵，沒有無謂的批評，可以看到我們非常和諧，或許可以作為「政治新典範」小小的開始吧！在此一併感謝某公司的創意總監許智堯先生，這個書名跟初期許多的創意和工作進度都是他的才華。

毛昱婷　王欣儀　阮昭雄　趙文麟

解析王昱婷

＊專業指數：
　立法委員

＊年代成分：
　西元1973年
＊原產地：
　台灣台南
＊智力成分：
　• 北京大學經濟法碩士
　• 輔仁大學法學學士

＊背景分析：
　• 台南家庭扶助中心兒保之友
　• 中華民國婦女之家委員
　• 青年跨世紀行動委員會委員
　• 台南市民生圍棋文化協會顧問
　• 台南市青少年關懷協會理事長
　• 救國團指導委員
　• 台南市青年創業協會顧問
　• 台南市商業會顧問
　• 台南市中小企業榮譽指導員協進會顧問
　• 台南市教師會榮譽會務顧問
　• 台南市榮民服務處指導委員
　• 2000年國民黨改造委員
　• 2004年國民黨黨務改革小組成員
　• 1994年台南家齊女中傑出校友
　• 2003年輔仁大學傑出校友
　• 第四屆、第五屆中華民國立法委員

＊血統證明：國民黨

解析王欣儀

＊年代成分：
　西元1970年
＊原產地：
　台灣台北
＊智力成分：
　東吳大學
　企管政治雙學位
　高雄女中

＊專業指數：
　台北市議員

＊背景分析：
　• 中天新聞主播、主持人、組
　• 東森電視台新聞主播、主持
　• 東森電視台新聞製作人、記
　• 台北電視台新聞採訪組副組
　• 李慶安議會辦公室主任
　• 李慶安國會辦公室大安文山

＊血統證明：親民黨

* 專業指數：
  • HOME TV嘉廷電視台（CH16）
  • 「少年台灣」節目主持人
  • 綠色和平電台（FM97.3）
  • 「早安！台北」節目主持人
  • 「南主角」雜誌專欄作者、副總編輯
  • 台灣青年問政協會理事長
  • 台北電影協會理事

解析阮昭雄

* 年代成分：
    西元1970年
* 原 產 地：
    台灣彰化
* 智力成分：
    文化大學
  • 政治學研究所肄業
    世新大學
  • 公共傳播學系畢業

* 背景分析：
  • 民主進步黨中央黨部青年部主任
  • 大可策略行銷顧問有限公司總經理
  • 謝長廷新文化青年聯誼會會長
  • 立法委員卓榮泰國會辦公室主任
  • 立法院國會助理工會副總幹事

* 血統證明：民進黨

解析趙天麟

* 專業指數：
    高雄市議員

* 年代成分：
    西元1973年
* 原 產 地：
    台灣花蓮
* 智力成分：
  • 中山大學
    高階公共政策碩士班
  • 中山大學
    大陸研究所肄業
  • 世新大學
    口語傳播學系畢業
  • 真理大學
    企業管理科畢業

* 背景分析：
  • 2004年陳呂高雄市競選總部副總幹事
    兼青年部督導
  • 高雄市政府新聞處機要秘書
  • 新台灣週刊記者
  • 台灣新聞報採訪主任
  • 東森電台、高雄電台主持人
  • 立委選舉台聯南台灣文宣組長
  • 謝長廷九八年競選市長文宣部主任
  • 彭明敏九六年競選總統
    「種籽鯨神、學生矩陣」全國隊長

* 血統證明：台灣團結聯盟

第一場‧‧‧‧‧‧

政治初體驗

小助理大學問

權力春藥要不要

會選不賄選

喝咖啡聊是非

接棒V.S.不接棒　　王昱婷

在人生的十字路口，你的抉擇是 ！？

又是忙碌的一天！跑完場、趕完攤，回到家看完新聞、吃完不知是晚餐還是宵夜的杯麵後，又接近凌晨時分　總在這時候矛盾地問自己：「政治真不好玩！我到底為誰辛苦為誰忙」，但掌心卻依稀記得被選民溫暖雙手緊緊握住的感覺，內心仍為剛才選民鼓勵的言語而悸動著。也許，就是這份感動與溫暖讓我始終執迷不悔，樂於工作吧！

自一九九八年底，第一次當選立法委員至今，連任兩屆並成為目前全國最年輕的國會議員，記不清有多少次被問起：「為什麼會走上從政這條路？」而談及我的「政治初體驗」，我總會不由自主的想到這句話──「人生是由一連串的意外組合而成！」

的確，輔仁大學法律系、北京大學經濟法碩士，身上有著講求理性、正義、公平等法律人性格的我，和同期陸

續成為律師、司法官等傳統「法律人」的同學相比，「從政」的確是我生命中的一大意外。這近五年政治場域的洗鍊，我深知，在人生的十字路口，我們也許不能完全「掌控」自己的抉擇，但是，我們卻可以決定如何「看待」自己的抉擇。政治這條路，於我，是人生中一趟意外而美麗的旅行，亦是一次不易的修行。

　　我是家中的長女，父親曾擔任十餘年的民代，我的成長歷程一直與政治緊密相連；拉票、拜票、謝票、處理選民服務案件。雖然我是六年二班的E世代

年輕人，但對政治的辛酸與苦樂，我從不陌生！也因此，參政從不在我的生涯規劃之中！還記得，大四即將畢業時，導師問全班同學對於未來五年的生涯規劃時，我很篤定的回答：「準備三考：研究所、律師、法官；希望畢業三到四年內能考上律師或法官，從事法律工作，然後再考慮結婚、生子。」我想這或許是

很多法律人的標準答案，而當時我也以為自己的一生大概也是如此。

從政的第一個意外來自於畢業後的半年，我看到媒體對北京大學台灣留學生的報導，想想如果能考上北京大學研究所，進而考取兩岸的律師資格，那未來的律師工作一定更有意思！當下我收拾行李，就搭飛機去北京大學看看學校環境，並到理工大學報名參加考試。五個月後幸運地考取了北京大學經濟法研究所。懷著喜悅的心情，我進入北大並努力唸書準備學業與律師考試。

在一次與同學的聊天中，第二個意外來了！原來當時中國大陸並未開放台灣學生考大陸的律師執照！這個消息有如晴天霹靂打亂了我整個生涯規劃。當時我的心情真是進退維谷，回台灣，北大學歷不被台灣承認；留在大陸又無法考律師。當時左思右想、唯一的方法只有到美國再念一個碩士了，於是我努力K書並提早寫論文，準備爭取兩年提前畢業。

但是爭取提前畢業的工作並不順利，指導老師雖然同意但被學校打了回票。無奈的我因學分已修完且論文也大致完成，所以導師同意我研二下與研三，這一年半的時間可以自由運

用，只要一年半後我再回北大口試論文即可。於是我便回到台灣準備托福考試與申請美國學校。此時，決定性的意外來了！第四屆立法委員選舉即將來臨，但因為凍省之故，台南市立法委員名額由四名增加為六名，依規定每五位就必須有一席是婦女保障名額。而在一次偶然的餐會中，國民黨台南市黨部主委與地方大老發現了我，他們希望我能代表國民黨參選第四屆的立法委員選舉，爭取婦女保障名額。當時，我只有二十四歲。

說不惶恐是騙人的！雖然從小到大我對政治並不陌生，但抬轎與坐轎不同，況且從政從來都不在我的生涯規劃之中，一下子突然要我將人生的目標一百八十度大轉變，實在令我難以接受。當時面對長輩親友的勸進，先是父親動之以情：「爸爸從政十餘年，將大部分的時間與精力都奉獻給鄉里和民眾。這一輩子爸爸沒留下什麼，只有人脈與名聲可以留給子女。妳是長女，爸爸希望妳可以承繼爸爸的心願，服務民眾奉獻鄉里。況且妳又是念法律系的，一定可以做的比爸爸更好！」再來母親勸之以理：「一來妳這個法律人，每每批評時政不遺餘力，現在難得有機會參政，妳竟然不敢？！二來，如果妳沒有提早修完學分與寫好論文，現在妳就會在大陸，自然也沒有人會鼓勵妳參選。所以這一切都是妳自找的，妳還能說不選

嗎？」啞口無言的我，只好硬著頭皮參選了。我想，生命中的意外（或是機會？！）隨時會來臨，我唯一能做的，就是準備好迎接它！

雖是臨時決定參選，但該準備的工作卻一樣也少不得。首先便是宣傳照。為了要破除「嘴上無毛，辦事不牢」的年輕刻板印象，所以競選文宣幹部決定別人的宣傳照是要拍得年輕些，而我的宣傳照卻是要拍得老一點，至少看起來要有30歲以上！於是衣櫥裡的T恤與牛仔褲全部捐到舊衣回收筒，媽媽與阿姨們帶著我去買許多看起來成熟、穩重、幹練的套裝，而我唯一能為自己爭取到的權利是——可以不穿裙子！搞定衣服之後接下來的是髮型，在換了兩位髮型設計師之後，終於髮型OK了！但理由並不是因為找到大家都滿意的髮型，而是因為我的頭髮已經短到不能再剪了。這一次的經驗讓我親身體會到台灣果然是多元化社會，而在一個多元化社會中，妳總是可以找到反對黨！在衣服與髮型都確定之後，就要拍宣傳照了。這一次陣仗更大，總共換了四位攝影師才搞定。不

過這定稿的宣傳照片曾經鬧過不少笑話，我記得在當選後我搭飛機時，櫃檯小姐看到我的證件時總是會問我委員何時會到機場，當我說我就是委員時，她們總是會問我為什麼本人看起來比照片小十歲？！

　　在六年級這一個世代，普遍的問題就是台語說得不夠流利，我也不例外；畢竟在學校辯論時都是用國語。因此在決定參選後，我必須在最短時間內加強台語的表達能力，當時大家討論之後決定讓我看布袋戲學台語。所以在忙碌的競選行程中總是會特別排出時間讓我看布袋戲。只是這一切卻在兩個月後一次訪談中暫時劃下休止符。當

時記者特別訪問我——全國最年輕的立委候選人──心目中最喜愛的偶像是誰，我說是「蟻天海殤君！」霎時，全部的人面面相覷，在沉默幾秒後，記者進一步問「蟻天海殤君」是誰、字要怎麼寫？事後競選團隊知道原來「蟻天海殤君」是布袋戲新出現的角色時，便一致決定，兩個月的布袋戲對我的台語能力並沒有多大幫助，反而讓我沉迷劇情；與其如此，不如把時間花在掃街拜票比較實際。

　　大家都知道南台灣的民眾很熱情，因此在台南參選首要的課題就是如何和選民搏感情。但我一不會喝酒，二不會抽煙，因此一開始在這方面真是吃足苦頭。我記得晚上跑喜宴時，常常碰到選民問我說：「那麼年輕！卻連酒也不會喝，還要跟別人參選幹嘛？」而我總是不厭其煩的──解釋，會喝酒並不等於會立法；而年輕才有體力勤

服務。「年輕」雖是大家對我的第一印象，我卻從不以「年輕」為藉口；我告訴自己，只要擔任民意代表的一天，我就要「努力活在當下，開創自己的特色！」欣慰的是，幾年下來民眾也慢慢接受我這麼一位不會喝酒、抽煙的立法委員，現在晚上跑喜宴，如果有人勸酒，旁邊的鄉親反而會幫我擋酒。我想這就是台灣鄉親可愛的地方，只要他們了解妳、接受妳、認同妳，那麼他們就會不求回報的情義相挺，就是這種溫暖讓我在每每遇到挫折想放棄時，有了繼續前進的動力。我想，從政對我而言雖是意外，但這個意外因為有了鄉親的支持而結出最美麗的果實。難怪有人說「一張票，一世情！」

台灣的選舉還有一個特色，就是為求當選，淚水、下跪等煽情攻勢不斷，黑函可以滿天飛、口水可以到處噴。而在民國一九九八年，我第一次參選時，我的文宣幹部把攻擊我的黑函給我看，建議我舉行記者會聲淚俱下的反控訴回去。可是我真的哭不出來，我只覺得很悲哀、心很痛，可是我卻哭不出來。當時我心想，我參選就是希望能為民服務，所以我不造謠抹黑、不暴力謾罵、不作秀，因此我絕對不可以哭；只要我當選我一定要做的比別人好，這樣民眾就會知道誰說謊，這也才叫做選賢與能。

可是在一次問政說明會時，我卻忍不住哭了。我記得那天晚上的氣氛很怪異，因此在我上台發表政見前，我忍不住問輔選幹部到底發生什麼事？她告訴我說，有一位宣傳車小姐，下午被其他候選人的支持者吐檳榔汁在臉上，而那位民眾在吐完之後就躲進巷子找不到人了。當我知道這件事情的時候，我真的氣哭了！為什麼要有選舉制度？就是讓民眾以選票表達自己的看法，人人一票，票票等值。就算選民不願意給我一個服務的機會，也無須捨正常的管道不用而走偏鋒啊！況且職業不分貴賤，大家都是人生父母養大的，既然如此為什麼要對一位年輕的宣傳車小姐做這種侮辱的舉動？

　　或許是因為我年輕，所以想法真誠，又理想性很高，偶而會被人批評為不切實際。但我始終覺得，「從政」一定要保持真誠的心，否則扭曲的心，最後會找不到回家的路——「心的道路」。更何況我不想為了一份工作，而扭曲自己成為自己也不認識的人！

　　我想所有參選過的人都會同意，在競選時一天總是當三天用，滿滿的行程總讓人希望投票日趕快來臨，但當投票日真的來臨時，卻總覺得好像還有好多事沒做，又希望再給我一點時間，拜訪選民爭取選票。可見人真的是一種矛盾的生物！我記得在投票日的下午，就有記者要請我發表當選感言，當時我說是否等開票確定後再發表感言，不然萬

一弄錯就糗大了！結果記者酷酷地說：「這只是例行公事！」因為立委候選人太多，再加上有截稿的壓力，所以他會請每一位可能當選的候選人，都先發表當選感言，如果我萬一落選，那他絕對不會播出我的感言，因此我不用擔心弄錯；如果我還不放心的話，那也可以順便發表落選感言　當下我又上了一課！理想跟現實的差距，有時還真叫人心酸啊！

回首來時路，還記得剛當選時，偶而我還是穿著T恤與牛仔褲，選民鄉親看了就直皺眉頭反對；當時我戴著鍾愛的米老鼠手錶，在沒多久後也收起來改戴名錶，因為自己親人在糾正數次無效後，乾脆買一隻名牌手錶送我！

因為眾人皆認為：「當立委要有立委的樣子！」二十五歲就當選立委的我，強迫自己符合加諸於身上的各種制約，初時真是很不適應；後來，我總會開車到海邊散心，一個人獨自面對大海沈思，鼓勵自己扮演好自己的角色，「做什麼，像什麼！」

現今，忙碌已是我生活的常態，除了沒有週末假日，有時假日還比平時更忙，而這就是民意代表的生活。面對忙碌、面對挫折，我常提醒自己，要把「我執」放下，把角色切換到「旁觀」的位置，從第三者來看事情，往往會有客觀而有效的解決方案。我想，從政是一趟深入內在的自我觀照之旅。例如「跑場趕攤」時，身體隨著大眾的步伐，快快快、趕趕趕；心卻像是一面鏡子，紛然變化的風光景物、人事變化，與各種感受一起流進來、再流出去。動與不動、變與不變之間，都了然明白；凡事隨緣，心情愉悅。用旁觀的角度，觀看自己跟旁人的心念流動。

於是，就像弘一大師吃到一盤太鹹的菜，夏丏尊勸他別吃，他不但吃了，還說：「鹹是鹹了點，但也是好的。」怎樣都好、隨處自在，人生道上、旅行途中，酸甜苦辣所有滋味都嘗過了，豈不精彩！

一九九八年第一次參選立法委員時，被文宣小組退稿的自傳，現在看來果真很另類！
難怪當時文宣幹部不採用。不過當時我可是難過了好一陣子

另 類 自 傳

　　我是誰？嗯，這真是個值得好好思考的問題。兩個眼睛、一個鼻子、一個嘴巴，一樣沒多，一樣也沒少，跟地球的居民 —— 人類都一個樣兒。那我Special的地方，到底是什麼呢？

　　仔細說來，從小到大，從幼稚園到研究所，都跟時下的年輕人一般，有點叛逆，但大致上也都循規蹈矩、乖乖巧巧的長大，至今可以說是一帆風順，沒遇到什麼大問題。在這種情形之下，我所祈求的，也只是未來的生活能夠比現在更好。社會更公義、政治更清明，沒有貪污、沒有黑金政治；不用生活在戰爭的陰影下；經濟情況能夠愈來愈好，這樣才容易找到好工作；出門的時候，可以看到藍藍的天與綠綠的樹，可以呼吸乾淨的空氣；社會福利工作可以落實，這樣生活才能得到保障；希望社會上多些不同的聲音－例如女性、殘障人士、兒童、老人與青少年等－而這些意見都能得到重視；這些都只是小小的期盼，但是從現在檯面的政治人物身上，我看不到我所期盼的未來。

　　在細細思量，反覆考慮之後，我想既然我不喜歡現在，那為什麼我不設法試著來改變現在，也許幾年之後，我會愛上我們的未來呢？所以，我決定投入年底的立委選戰，爭取改造社會的機會。如果你也與我一樣，對今天的社會有那麼一點點、一些些的不滿意，請把你的意見告訴我，讓我們一起來改變社會，共同建設我們想要的家園！

政治初體驗 　　王欣儀

　　如果要問我「生涯規劃」，我會說：「計畫趕不上變化」，我的從政之路正是如此。或者說是性格控制命運吧！流著什麼樣的血液，往往冥冥之中就會導引你走到什麼地方去。

選還是不選？

「欣儀，出來選市議員好不好？」「慶安姐叫我出來選，我就選啊！」時間是二〇〇二年的三月間，場景在中天電視台的化妝間，當時我正補妝趕著進棚播新聞，立法委員李慶安來化妝準備上Call-in節目，匆匆照面的兩人有著這麼兩句對話，我完全以開玩笑的心情口氣回應，壓根沒當真，沒想到這兩句話，竟成了我踏上政壇的開端。

起心動念後陷入天人戰

　　雖然我沒當真，李委員卻是認真的，幾天之後的一番懇談，隨即讓我陷入天人交

戰。當時從事電視新聞工作進入第五年，專職主播做得好好的，發揮空間很大，待遇也不錯，只想努力在這個領域崗位上精益求精，可沒想過要轉換跑道。

事實上，當新聞主播正是我小時候的志向。從小征戰演講、朗讀、作文比賽的我，每每用艷羨的眼神看著電視上的女主播，還記得那時最喜歡的主播有李艷秋、沈春華及李慶安等，希望有朝一日也能像她們一樣秀外慧中，成為智慧和美麗的化身，展現自信風采。

早期要進入電視台從事新聞工作的門檻很高，加上我唸的是企管和政治，非新聞本科系出身，更是難上加難！好不容易靠著自學和媒體互動的實戰經驗如願考進電視台，經過五年汗淚交織的歷練，累積了記者、主播、組長、主持人、製作人的資歷，正當一切穩定順遂、漸入佳境的時候，真的要就此放棄嗎？

被我徵詢是否參選意見的親友，幾乎也一面倒的投反對票：「政治很骯髒黑暗」、「從政是不歸路」、「當民意代表太辛苦了」、「生活會很不自由，沒有隱私」、「一旦參選，祖宗八代都會被挖出來，何必去蹚混水？」，甚至連會「嫁不出去」的恫嚇都出現了，但最後，我仍決定背水一戰！

正義感作祟決心披戰袍

只能說性格控制命運吧，想到我們的孩子在ㄅㄆㄇ、ABC和鄉土歌謠聲中，沒有了童年；深陷建構式數學的泥淖，沒有了快樂；多少父母好不容易把孩子拉拔到大學畢業，卻得眼睜睜看他們失業；每天在主播台上播報著老師、勞工、農漁民 被迫走上街頭，偽鈔詐財、攜子自殺案件層出不窮的新聞，骨子裡喜歡仗義執言、路見不平拔刀相助的血液湍湍流著，俠氣干雲的豪情壯志開始作祟──我們的社會生病了，身為亂世中的年輕人，能有針砭時弊、為民代言、伸張正義的機會，難道不該挺身而出，好好把握嗎？多少個失眠的夜裡，我捫心自問：「要安逸於目前的成就，還是要迎向新的挑戰、為社會做更大的奉獻？」

除了感性面的思量，當然也有理性面的戰情評估，「盡人事，聽天命」是我做事一貫的態度，但如果勝選機會不大，也總不能單靠愚勇去當砲灰吧。衡量當時親民黨第一次投入台北市市議員選戰，沒有派系、黑金、現任包袱，又願意給年輕人機會，自己的條件、資歷，應該有被提名的可能，如果真要轉戰政壇，這恐怕是千載難逢的機會點。幾經掙扎後，決定不選則已，既然要選，就要有沒有後路可退，定要勝選的

決心！因此縱有萬般不捨，仍毅然含淚辭去主播工作，憑著初生之犢不畏虎的天真，懷著捨我其誰、誓為政壇活水清流的信念，我現在要出征！

萬事起頭難

幫人抬轎和自己坐轎，可完全是兩碼子事，加上非規劃中參選，七月提名，十二月投票，時間緊迫，又沒有人脈、金脈、班底、基礎，二十八位候選人搶攻十一席，十一席現任議員全部競選連任，毫無空缺的超級緊繃戰況下，要想拉下「老人」打贏選戰，談何容易？

其次，選區幅員遼闊，短短時間內，要像宋楚瑜主席般的走透透，握住每一雙選民的手，講述自己的從政理念及服務社會的熱忱，真的是Mission Impossible啊！

不過，既然決定參選，就得面對挑戰，堅持到底。每天出門，我都告訴自己：「一定要咬緊牙關拚下去！」

選情冷颼颼新人難出頭

大環境上景氣跌入谷底，社會中瀰漫著一股低氣壓；市長選情部分，馬英九的民調支持度遠高於民進黨提名的李應元，加上兩人算是君子之爭，沒有短兵相接的緊張氣氛，使得二○○二年的台北市長和市議員二合一選舉，選情冷冷冷！影響所及，市議員選

情超冷,參選卻爆炸;對候選人,尤其是新人來說,不論要宣傳或募款,處境都像是「北極熊」,冷斃了!

不過再怎麼沒人沒錢沒地方,頭已經洗了一半,總是得洗完啊!於是挽起袖子,一個人從租競選服務處、找助理開始,商借別人報廢不用的舊辦公桌椅,一切因陋就簡、土法煉鋼。沒錢找公關公司,就「校長兼撞鐘」,不但選戰策略自己看著辦,就連文宣的發想、設計、執筆,全都自立自強,自個兒包了!

當時陳水扁總統一句「一邊一國」,造成股市一天內狂跌五千億,對岸虎視眈眈;李前總統輕描淡寫地要大家「免驚」,百姓頭家的生命財產安全就在他們股掌之間。我從擔憂未來、人民自決出發,自己動筆寫下第一份文宣「一封給中華民國國民的公開信」,除了寄給黨員、去眷村國宅投信箱、也跑到號子去發,跨出了爭取認同的第一步。

謀定而後動出奇能致勝

　　雖然因為主播出身，還小有一點知名度，但是選情冷對新人不利，要如何才能在最省錢的情況下，讓選民知道我要參選，就成為了選戰之初最頭痛的問題。我知道，唯有善用強化自己的優勢，定位清楚，目標族群明確，才有機會突破重圍！試舉幾個小例子：

　　1.**另類比一比**：千萬別貪心過頭，想要獲得所有選民的青睞，而是在強敵環伺中，拿下能夠當選的票數。基於我從小在眷村長大，公教家庭出身，因此類似背景的選民自然是我主要爭取的目標，也是我第一波文宣的發放對象。再來，由於我是選區中最年輕的候選人，年輕選票絕對是另一個訴求的重點。因此，我打出「新聞戰將、欣儀最ㄅㄧㄤˋ」用注音的另類口號，並且以卡通造型的麥克風作為四聲符號，還設計出可愛的主播娃娃圖案，將新聞背景、年輕活力、以及能言敢言三種特質串聯呈現。再拜託友人—樂壇才子黃舒駿，幫我寫一首輕快活潑的競選歌曲，盡量把自己和其他候選人明顯區隔開來。果然選後碰到不少爸媽告訴我：我女兒（兒子）就讀某某大學，就是投給妳喔。

　　2.**垃圾變黃金**：選舉期間，文宣品滿天飛，要能吸引目光，延長選民保留時間，進而產生好印象，也是考驗之一。當時中天電視台取得樂透彩開獎轉播權，於是我想，既然我是中天主播，樂透彩每週二、五開獎，每賣一份彩券出去，就要一個紅包

袋,到對獎前至少會留存個兩、三天吧,何不乾脆把紅包袋搖身變成文宣品,放在投注站免費讓彩迷取用,還可省下一筆發放文宣的費用呢。沒想到,這招的效果還真不賴,甚至到現在,仍有選民說,家中依然保留著這份文宣喲。

3.母雞帶小雞:由於備戰時間匆促,又是第一次參選,經常苦思要如何創造出自己的新品牌?來得及嗎?評估之後,覺得有困難,於是當下決定採取母雞帶小雞的策略,沿用已經深獲口碑好評的舊品牌,打出「慶安傳人,懇請牽成」,訴求不一樣的主播,一樣的投入,從中央到地方聯合服務。這項策略也相當成功,逐漸地把我的形象,深植於選民的心中。

選舉不好玩

選舉很現實,結果更是一翻兩瞪眼,頗有成者為王、敗者為寇的味道。從幫人抬轎到自己坐轎,我常笑稱選舉好似生孩子,打贏選戰就像生出健康寶寶,看到他可愛的模樣,什麼苦痛都拋諸腦後,若干年後再生一胎;而敗選的打擊就像難產,往往很難釋懷,需要時間療傷止痛。但不論結果如何,過程都是極艱辛的(陳文

茜委員以及部分過去新黨極盛時期參選的，大概是少數的特例），就好比懷胎十月，每個階段都有不同的辛苦，箇中滋味，除非親嚐，實難為外人道。

吃苦當吃補愛拼才會贏

　　年輕、女性、稍有知名度，是我參選的優勢，但也因此成為候選人中的「全民公敵」，紛紛把我當做頭號假想敵。「王欣儀穩當選，不用投給她」的耳語，打從參選開始就沒斷過，也讓我還來不及推銷自己，就得先忙著消毒；不但腹背受敵，更疲於奔命！而一張比實際年齡看起來還小的Babyface，也讓許多選民質疑我當議員是否太年輕：「妳有沒有十八歲啊？」逼得我只好不斷自曝年齡，費盡唇舌說明資歷，想來既好氣又好笑！

　　財力、物力不如人，唯有靠勤跑！放下主播身段，走入基層，我在選區內一跑再跑，拜託再拜託，鞠躬一律九十度，絕不輕言放棄每一雙可能握到的手。站在宣傳車上遊街，總專注的看著車旁的選民，用力地、有感情地和他們揮手，讓他們感受到我的活力和熱忱。

公園、市場、捷運站、大路口，凡是人多的地方，都可看到我親自拿著麥克風喊話的身影。透早就出門拜票，深夜回家接著寫文宣，思索下一步戰略，還得想辦法開源節

流，支應競選開銷。

我參選的北市大安文山區，幅員遼闊共有九十幾個里，比起其他選區有的才四十幾個里，相形之下，不但房租貴，要插的旗子、要印的文宣最多，拜起票來，也得花上二倍體力。加上不但參選人數創新高，同質性也高，票源重疊嚴重，可謂超超級戰區，戰況慘烈！

參選時，我剛三十二歲，同齡的同學朋友多還在事業起步階段，幾乎沒有企業奧援，更沒有募款經驗；家中只有我一個小孩，沒有兄弟姐妹可以分憂解勞，父母又搬住高雄多年，可說是孤軍奮戰。除了文宣靠自己，就連募款餐會的餐券設計、節目流程、場地、名單、座次等，都是硬著頭皮親自動手規劃聯繫。

一場選戰打得異常艱辛，距離投票只剩兩個月，連競選總幹事都還沒著落，每每壓力大到覺得自己小小的肩膀再也撐不住了，午夜夢迴不禁累到想放棄：我只是個單純公教家庭的小孩，既不為名、也不為利，不過想以自己的能力、操守，出來幫大家做事、代言罷了，如果想爭取一個替市民服務的機會，竟是如此險惡困難，我又何苦來哉，放著好好的主播不幹？

毅力加感恩樂觀伴我行

向來做事從不半途而廢的我，終究還是堅持了下來。想到熱心支持者的感人溫情、殷殷期待，一路上許多對我伸出援手，提供

幫忙的親朋好友貴人；看到義工伯伯、阿姨們，不眠不休地為我張羅行程、發文宣，打電話 ，如此盛情大恩，我就算再苦再累，也絕不能讓他們的辛苦白費，希望落空。

於是，壓力太大時，就好好大哭一場，發洩一下；擦乾眼淚，又是好漢一條！我把艱苦的選戰當成是一個鍛鍊自我的魔鬼訓練營，試想，一般人要參加卡內基訓練，還得花錢繳學費呢！而海海人生中，又有多少人能有參選的機會經驗？

又設想成自己正在玩一場Online Game——角色扮演的電腦戰略遊戲，豈不見多少人廢寢忘時、焚膏繼晷地在虛擬螢幕戰場中，打得難分難捨，不覺疲憊；我卻有實戰遊戲可玩，不知多幸運呢！——懂得換個角度樂觀看待，總能讓我在筋疲力竭之後，屢仆屢起，再展笑顏、迎向選戰。

真的選上了

這場我打起來比別人累上好幾倍的激烈選戰，終於在十二月初劃下句點，再選下去，恐怕快沒命了！投票當天，我告訴自己，我已盡力，再無遺憾！所以開票前，我一點兒都不緊張，還跑到競選總部旁的咖啡館去看電視台開票報導。但是，才看沒多

久，就發現各家電視台的票數落差怎麼這麼大？有的我一直名列前茅，有的根本榜上無名，這才讓我緊張起來，一顆心七上八下，差點沒心臟病！連忙四處打電話給新聞台的同事朋友，急問他們：「票數到底從哪來的？怎麼差那麼多？」他們笑我笨：「妳自己是新聞主播，不知道電視台得靠灌票來搶收視率？」我這才恍然大悟，不知該相信哪一台的開票比較正確。更誇張的是，正當我緊盯電視，顯示票數才開到六千多票時，竟已有電視台播出：「王欣儀已自行宣布當選！」更讓我丈二金剛摸不著頭腦：我‧我‧我自行宣布當選？？

　　相信經過二〇〇二年總統大選的電視開票洗禮，大家對這樣的情節定不陌生，還好當時最後的開票結果沒有翻盤，我真的當選了，而且是親民黨在這個選區的最高票：18,248票！

民主新價值誓為民喉舌

　　哪怕選情再緊繃，對手再逼近，選舉過程中，我始終堅持不做負面文宣、不發黑函、不放流言、不批評、不攻擊，只正面推銷自己、竭力爭取認同。要贏，就要贏得正正當當、漂漂亮亮！我從不把其他候選人視為對手，因為我要超越的對手只有自己；同時我也不把時間浪費在和其他候選人纏鬥上，選民這麼多，何必搶破頭？哪裡少人去，就往哪裡去。在這樣的戰略下，我的得票數非常平均，沒有哪個票箱票特別多，也沒有任何一個票箱開出的票少於兩位數。

　　激情過後，再度回到市議會，所有場景對我都不陌生；只是，當年我是議員的助理，跑議會的記者，如今扮演不同角色。

選後好友勉勵我：「想想看，光是用銅板一個一個堆出一萬八千多個，就已經要花費多大功夫，更何況要選民走出家門，來到投票所蓋章投你一票，一票一票投出一萬八千多票！怎能不戒慎恐懼、戰戰兢兢？」

當選才是責任的開始，因此在踏進市議會的第一天，我就要求自己，要好好珍惜這得來不易的付託，全力做好專業問政、監督把關以及伸張正義、服務鄉梓的工作，以不負選民厚愛；心情不妨輕鬆，但腳步永遠積極！

樂見新血輪共創新政局

政治就是管理眾人之事，和人脫不了關係，因此從心出發、廣結善緣，絕對是必要的。年輕朋友如果有心從政，建議你要時時充電，不自我設限，保持競爭力，隨時將自己準備好；在每一個階段的崗位上，認真做、努力學，只要有實力，不怕沒機會。一旦機會來臨時，則要懂得當機立斷、好好把握。

參選民意代表，不是從政唯一的道路，不過若想參選，就得做好心理準備。選舉就像商品行銷，爛產品沒人要，好產品也不一定賣得出去；品質再優，如果曲高和寡，沒有賣相、沒有市場，一樣徒呼負負！所以是否適合選舉，是有條件限制的，這就是所謂有沒有政治人物的群眾魅力。時下許多年輕人希望爭取參選的機會，但有多少人真能認清自己是否具備參選的條件？有多少勝選機會？如果你有當超級吸票機的本事，想必不管哪個政黨都會搶著提名你的！

始終相信，只要不斷有更多年輕新血輪投入政治舞台，台灣政壇終將能去蕪存菁，建構出更為清明的政治文化。民代生涯原是忙，卻不該是盲與茫！

公職選舉V.S.專業幕僚 | 阮昭雄

參政不等於參選,從事政治工作並不代表一定要參選,也就是說不是只有參選才是從政。這是許多年輕人或一般大眾所會誤解的,以為只有參選才是從政,其實並不然,你看新潮流大老邱義仁和吳乃仁從未參選過公職,你能說他們不是從政,不是政治人物嗎?所以囉!參選只是從政的選擇之一。那怕你現在只是小助理、基層黨工,你都已經在從政了,你已經是「政治人物」了,只是還沒有名氣罷了!

你若是選擇參選有參選的準備,或是打算成為專業的幕僚,那都有一番功課要做。我們就分別談談參選和幕僚工作。

一、 我要選舉

選舉是一條漫長的路,更是一條不歸路。有人投入全副心力、財產但卻無良好的成績,原因何在?其實自有其道理。

(一)政黨背書:台灣逐漸進入政黨政治的政治文化中,現在沒有政黨奧援的候選人,已逐漸無法生存(立法院有兩百二十五名立委,無黨籍才十二位,其中還包含當選之後退黨或開除黨籍者),除了較為基層的選舉,如鄉鎮市民代表或里長等層級的選舉,無黨籍還較有空間

外，在縣市議員，尤其是直轄市議員、立法委員以上層級的選舉，沒有政黨支持的政治人物，將逐漸消失。所以要當選，選一個黨加入吧！不過你得要認同他，不然很痛苦的。

而每個政黨的提名遊戲規則不盡相同，民進黨的黨內初選競爭激烈，直轄市議員以上選舉（包括立法委員、縣市長、北高市長、總統）大都要初選，而且目前是採百分之三十黨員投票、百分之七十民意調查的初選方式，競爭之激烈不下於正式大選。而其他基層選舉（如縣市議員、鄉鎮首長或村里長等）則交由地方黨部處理提名方式後，再交中央黨部備查後實施。

而國民黨、親民黨和台灣團結聯盟則提名制度較為「多元」，不過通常要跟層峰關係不能太差，而且你要能說服提名者，你會當選的原因和高機率，畢竟大家都想提名當選機率比較高的人。所以想要參選，先讓你的政黨提名你，這樣你往當選的路又往前一大步囉！

(二)策略正確：「選舉無師父、策略對就有」（請用台語發音），一場選戰策略方向將決定選戰的勝敗。策略錯了，花再多的心力，也是「沒路用」囉！倘若選區中你的年輕形象是最突出的，打清新年輕牌是可以的；但這個選區都是年輕人，你是年輕清新這個事，你就把他給忘了吧！所以策略定位是需要區隔的，而大小選區也有所不同，競選首長也跟民意代表的選舉有其本質上的不同，這些策略上的擬定並不能「一言蔽

之」，但是從歷次選舉的結果及競爭對手來進行分析定能觀出端倪輪廓。

選個民意代表，你不用讓人人都喜歡你，你只要有比例以上的選票支持就夠了，但是要參選首長那可要走「中間路線」喔！

（三）個人特質：個人特質，一個候選人他若沒有個人特質，勸他不要選吧！讓人覺得很草根、讓人覺得很有學問、讓人覺得很專業、讓人覺得很老實誠懇，這些都可以的。你必須在選區中某一項個人特質是突出的，強調個人特質，這樣的候選人才有「生命」。

像林重謨的草根性，讓許多的基層民眾喜歡，這種個人特質就非常顯著。段宜康的鬥雞性格，讓他的改革形象十分突出，是非和堅持相當執著，這也是一種個人特質。若你讓人感到是一杯「白開水」索然無味，那你如果想「白手起家」來從政，那幾乎是不可能的！個人特質要有所突顯才行，不然至少你的外表也要有所特色啊！留個小鬍子或是穿個吊戴褲也可以啊，這總比看起來跟別人沒有不一樣好多了。

（四）專業背景：在社會分工越來越精細的今天，專業背景是一個表徵，一個可以「令人信服、信賴」的表徵。如果你是「律師」可以強調對法律的專業，若是「老師」可

以強調對教育的參與和實務感受，若是「會計師」可以強調對預算的瞭解，若是「黨工」可以強調政治的正統性，若是「代書」可以為選民作一些土地資訊的諮詢。這些專業背景都必須被強調。

在以「法、政」起家的民進黨裡，律師專業或是醫師背景比比皆是，阿扁總統、謝長廷、蘇貞昌、張俊雄是律師，沈富雄、洪奇昌、柯建銘是醫師。因為這些專業背景在社會上有其權威性，有了專業背景的光環，選民會比較具有信任感，而這些專業的形象和內涵更是他們與民眾一線接觸時最佳利器。

而且這些專業更是你「起家」的本錢，作政治工作不是要嘴巴說說，更是要具體參與服務的工作，去協助民眾解決各項生活上的難題，不然他們選出這些政治人物幹嘛？所以要表現出有協助民眾去了解問題、去「試圖」解決問題（有些問題是無法解決的、甚至有法令的問題）的能力。

(五)懶人不要來：要選舉的人得要勤勞，你可以說我不喜歡「跑攤」，但你當選後總要開會吧！你的重要支持者總要聯繫吧！絕對不可能讓你「睡覺睡到自然醒」的！唯有「勤勞、勤勞、再勤勞」才能成功，才能扮演好公職民代的角色，命理老師若說你勞碌命，恭喜你！你太適合了，所以懶人不要來。

你看！阿扁總統每天要跑多少行程，要說多少的話，當總統可不是那麼容易啊！選舉時一天二十幾個行程是「正常」的，選舉時你還得高興有這麼多的行程可以安排

啊！選舉不只是候選人「一個人」的事，競選團隊相當重要，候選人更要以身作則，要帶動競選團隊整個氣勢和士氣，所以候選人每天都要「活跳跳」的，這樣才能將勝選的氣息感染所有的人。唯有一個「勤」字可以說明。

(六)各項連結：一個有當選希望的候選人，各項連結要強，如何說呢？單靠一項特質或專業的單一因素是不會成功的。如總要有一些募款能力、總要有競選團隊、總要有基層組織 等等。而各項要素要平均，且能連結，缺一不可。像組織動員部分，就要跟募款有相關，像競選團隊的組成，要跟組織動員有其窗口，這些都要能有其相互關係。

若你現在有「想」要參選，靜下心來拿出紙筆，然後寫下你在選區中熟悉的兩百個人姓名，若完成了，恭喜你！若還有差距那好好加油！不然就儘早打消這個參選的念頭吧！

二、 專業幕僚

我周邊的朋友大都會說「我只要作幕僚就好，因為選舉實在太辛苦了」。的確從事公職選舉是很辛苦的，但其實要作一個好幕僚，也是非常不容易的。

(一)專業知識：作為一個好幕僚，一定要有專業知識做為「靠山」，如果你是傳播科系畢業，在媒體策略、公關運作有其專長，你就能幫你的老闆處理媒體關係、媒體聯繫的工作。如果你是政治科系畢業，你得要懂什麼是總統制、什麼是內閣制、台灣又是適合什麼制度？你是財稅、金融專長，對於財稅預算的問題可以加以分析，在老闆需要這些資料時，你可以幫他分析、建議。

阿扁總統文膽——林錦昌，其文筆洗鍊、行雲流水，其外文系的訓練和參與文化工作的養成，都使得林錦昌當時獲得賞識，被延攬進入阿扁團隊的重要因素。

專業知識是你進入政治工作的鑰匙，縱使你在逐漸進入核心以後，這些專業知識或許已不再被凸顯和熟練，但別忘了這是你的本錢。

(二)政治操作：幕僚與老闆的配合，在政治層面必須要面面俱到，因為不論你的專業建議如何，政治是一個「人」的工作，所謂的「眉角」，可是大有學問。而政治操作的訓練，只有不斷地累積經驗和用心體驗，才能有所進展，要適度地融入其中，但又要適時的跳脫，以便觀察其中作正確的判斷，說起來簡單，做起來可不容易了。

政治操作必須要冷靜，獨立判斷的

能力相當重要，要相當明瞭目標為何？成本的付出多少？短、中、長程的利益為何？而這些判斷往往都在非常緊迫的時間內就要完成。初期或許並無法參與太多核心的政治操作，但是從旁觀察是一個相當重要的方法，所以只要有機會「近距離」的參與，不管是參與哪一個環節都應該盡力而為。

（三）參與核心：作為一個幕僚，當然希望可以參與核心工作，但這需要時間，需要信任和默契，任何一個政治人物和他的幕僚，都需要彼此一段時間的磨合。了解老闆的心相當重要，做為一位幕僚當然希望可以參與決策。我個人認為老闆的所作所為，跟自己的價值觀要相近，如此才會得心應手，才能夠將你的才華大為發揮，更重要地是，工作起來才會快樂！

而身為一位核心幕僚，有其工作倫理，嘴巴緊是其中一項重要特質。不然到處將機密討論的內容，脫口而出，甚至添油加醋，豈不是「養老鼠咬布袋」嗎？所以忠誠度是這些政治人物在培養班底（核心幕僚）一個

相當重要的指標。一種互相信任的基礎是參與核心運作相當重要的關鍵，就不是能力強弱的問題，這種默契的培養是無可取代的，常常是一個眼神，就得知道老闆的心意，即時完成所交付的任務。

（四）隨老闆漂浮：常言道：「政治路是一條不歸路」。跟著老闆常常會因為定期的改選或老闆轉換跑道而有所風險，路途順者就像是馬永成、羅文嘉一般，隨著老闆一路往上走，有機會「鳥瞰」社會，但不是每個老闆都是阿扁，就算是阿扁也曾經落選過，所以工作的「保固期」是有期限的。但是要知道幕僚工作可以是有形、有其職務的，也可以是無形、沒有職務的。常常有可能在「正式」的運作機制內，突然就因為老闆的「前途」有變，大家可能要「暫時」轉換跑道和心情，等待下一段「挑戰」的開始，

像阿扁總統台北市長連任失利後，其市府團隊各自去「自修」一樣。所以擔任幕僚的人要隨時有跟著老闆漂浮的心理準備。

政治工作是極度「壓迫」的工作，常常是要在很短的時間將任務完成，是強迫成長的好「法門」。

（五）老闆才是需要負責的人：我總相信做政治工作的人，多少有著些許的理想性，不但對自己參與政治有所期許，對自己的老闆也一定會有一些「要求」。而這些老闆參與政治時間一久，多少會逐漸往「現實」邊線轉移，或許已不再那麼衝了，你年輕會希望老闆「衝衝衝」，卻忘了政治路是要「長長久久」的。或許到這

裡，你會有所怨言，老闆！你要有GUTS啊！

　　但是，你要知道承擔後果的是老闆，不是幕僚的你，身為幕僚的人，要提供老闆充分的資訊判斷和建議，其他就由老闆依他自己的「政治智慧」去決定了。所以當老闆的決定，跟我們的建議不一樣時，不要唉唉叫！若是不爽，那就只好選擇離開囉！畢竟那是他的「政治生命」，老闆才是那個需要負責任的人。

政治真的有那麼難搞嗎？ 趙天麟

立志做大事，還是做大總統？

我是六年二班時代的人，我們這一代在小時候仍然是「蔣總統」的時代。從小就常有人會問：「你以後想不想要當總統？」等等這類的問題，連「我的志願」這類的作文題目，「我要當蔣總統」也算是蠻熱門的標準答案。

「總統」只是一種「職務」，「我要當總統」，應該是「我要這項職務」，問題是「為什麼要當總統？」、「當總統要做什麼？」好像變得不是這麼重要。

民進黨前主席許信良先生，應該就是那種「從小立志當總統」的典型案例。

根據報載，他從小立志當總統，所以在台灣民主化風起雲湧的階段，他從國民黨到民進黨、從民進黨主席到角逐總統提名，一直朝向「當總統」的目標前進。所以當黨內初選沒有成功，許先生退出民進黨出走，甚至成為立場極端相左的連宋競選支持者，也就不足為奇了。

「I have a dream!」 金恩博士為美國黑人爭取民權的名言震撼人心，他的Dream（夢想）不是當美國總統，而是掙回黑人應有的權益，他沒有競選總統，甚至被保守激進人士暗殺身亡，但他的精神卻長存至今，影響深遠。

政治，是手段不是目的。想要從政或對政治有興趣的人，應該找一個安靜的地方，喝杯茶或咖啡，仔細想想，我對這個社會懷抱著什麼理想？政治，是不是實現理想的好方法？怎樣的職務可以協助完成它？最後，才是尋找當上這項職務的辦法。

政治難搞？對！因為太多人只想當總統，卻忘了要做大事；政治不難搞？也對，

因為只要從我們自己開始堅持理想，你（妳）會發現，政治是實現夢想很棒的管道喔！

關鍵倒數七十二小時

絕大多數的讀者沒有參加選舉的經驗，我將自己首度參選的最後七十二小時中，最具特色的片段與大家分享，透過文字體會選舉。

二○○二年十二月四日星期三
P.M.8:00-P.M.10:00　倒數七十二至七十小時

選舉倒數第三天，倒數七十二小時，選舉進入不能公布民調、不能播出電視廣告的階段，所以平面文宣的發放及選民拜訪，成為最後決戰的關鍵時刻。

晚餐結束稍事休息後，我帶著六、七年級生的青年部隊從競選總部出發，就如每個晚上的行程一樣，進入區里一戶一戶地拜訪選民，希望握到每一雙將會蓋下選票的雙手。

當晚的目的地是苓雅區的「五塊厝」，是一個

傳統社區，住宅型態大部分是透天厝及公寓，也是我相對較薄弱的區域。

一次大約十位的年輕人衝進巷子裡，一一的按住戶的電鈴，身為候選人的我則是半走半跑地向出來應門的選民握手問安，由於從候選人到助選員都是年輕人，居民們在陌生人按電鈴時的突兀感，也在大家熱情的笑容中微笑以對。

一條街、一條巷的拜訪，兩小時一下就過去，大夥滿身大汗的回到總部，好像剛進行了一場劇烈的馬拉松賽跑。

**二〇〇二年十二月五日星期四
P.M.10：00　倒數四十六小時**

今晚過去，選舉就只剩一天了，跟每個晚上一樣的「按戶拜訪」完畢，總部召開了選務會議，針對自己所做剛出爐的民調，及民進黨、國民黨部發

出的文宣，研商因應策略。

競選執行長楊于謙，也是我的大學同學，又興奮又憂慮地說明了民調的結果。我在應選九席，超過二十位的參選者中，排名第三名，但是國、民兩黨在民調公布截止前所發表民調也大致如此，只不過他們在選前最後階段將這結果大量製成文宣發放，宣稱「趙天麟篤定當選」。

南部的選民很有趣，大家既不願投給絕不會當選的人，以免「浪費」選票，但也會把「一定」當選的候選人選票「配」給尚在當選邊緣的人，讓選票作最有效的運用。所以選前每一位候選人都「哀鴻遍野」，以「搶救」為名來拉票，國、民兩大黨的文宣一出，我的選票將面臨被「配掉」的危機。

二〇〇二年十二月六日星期四　P.M.3:00　倒數二十九小時

昨晚的憂慮果然成真，人數超過二十名的催票部隊（負責打電話給選民拜票的助選員）紛紛回報壞消息——選民認為我已經「穩當選」，要把票投給別人！

由於台聯是一個新生的政黨，而我又是新人，所以沒有強健的地方組織系統，無法透過這個通路說服選民其實我很危險，當時真是有「啞巴吃黃蓮」的無奈。

突然間情報傳回來，國民黨市長候選人黃俊英及立委黃昭順將在法院指控民進黨市長謝長廷賄選。我第一時間與民進黨議員候選人康裕成一起前往法院，阻止這項不實的批評，泛綠與泛藍兩方人馬狹路相逢，言詞交鋒與衝突激烈，在媒體報導下成為當天重要新聞，一直重播到投票日當天。算是意料之外的「收穫」。

二〇〇二年十二月七日星期四　P.M.4:00-P.M.8:00　倒數四小時

終於到了投票日，今天不能有任何公開選舉活動，下午四點開始開票，我與競選夥伴們的心情也開始緊張了起來。

開票才一個小時我就緊張的看不下去，我跟家人與摯友開車到附近逛逛，突然總部傳回好消息，說我已經以「第一高票」遙遙領先，幾乎確定當選，要我馬上趕回總部發表當選感言。

回到總部已是一片喜悅氣氛，競選主任委員羅志明立委與我紛紛發表感言，未料令人窘迫的事情發生，原來我的報票人員「看錯了」，我已開出的票數不僅不是第一，還是危險邊緣！

曾經也有最高票落選經驗的羅委員，他的夫人王老師把我拉到一邊說：「天麟，要有落選的心理準備，當選確定前絕不能放鞭炮！」

最後結果出爐前一小時，

就像有一年那麼漫長。上千名支持群眾聚集的競選總部鴉雀無聲，大家盯著電腦與電視螢光幕動也不動，直到最後一個票箱開完，我確定以9699票，僅僅以四百多票險勝，鞭炮聲才響徹雲霄。我再度上台，只跟所有支持者說聲：「謝謝」，強調：「當選才是戰鬥的開始！」

榮耀的9699

　　9,699，不是某期四星彩中獎號碼，而是我吊車尾當選的票數，雖然不是「高票當選」，但這9,699位投票給我的選民，在隨後爆發的「高雄市正副議長賄選案」，倍感榮耀。

　　賄選，一直是台灣民主政治發展的毒瘤，從里長直至總統選舉，多有賄選之情事

發生。

全台各地的議會正副議長選舉多不例外，由議員互選的議會龍頭，不是考量其學養或名望，而是考量「孫中山」的多寡，因為長久的積習都會說：「選舉我們花了那麼多錢，想當議長的人不拿點出來『補貼』，為什麼要選他，我來當就好了！」

就在這樣惡質的文化下，從十二月七日當選開始到二十五日就職的三個星期間，有意角逐者賄選傳聞不斷，從五百萬、一千萬到一千五百萬不等。賄款通稱為「棉被」，每件棉被都代表一百萬元，「你拿到幾條棉被？」就代表收到多少角逐者的紅包。

台灣團結聯盟有意以政黨結盟的力量打破這項惡習，建議由議會最大黨民進黨（十四席），加上親民黨（七席）以及台聯（二席），產生史上第一組跨黨派又不用行賄的正副議長人選。

沒想到我們的提議被當時的各政黨視為笑談、不予理會。所以我及同黨籍同志葉津鈴這兩席高市議會唯一的台聯議員，藉由羅志明立委、黃主文黨主席，從地方到中央的通力合作，就像「唐吉軻德」隻身與風車作戰般的傻勁，獲政黨提名為正副議長候選人。

所幸在檢調雷厲風行的查緝，以及各政黨祭出黨紀開除涉案黨籍議員之際，台聯成為唯一挺得住的政黨，投給我的那9,699位選民，也為自己當初的選擇，開心不已。

小故事：政治人物的話能聽嗎？

高雄市正副議長賄選案偵辦與審判至今已告一段落，政府與法院以罕見的效率在這屆任期內就讓有罪議員撤職，甚至服刑，讓正義不會遲到。

不過在這審理的一年半間有一個值得分享的小故事

當涉案議員紛紛被起訴，而媒體也不再關心本案進度後，議會也開始進入不斷加開臨時會，並藉以規避司法審訊的冗長階段，一次、二次、三次，彷彿開不完的臨時會，而且開會時間都與法院開庭相符，社會逐漸再度有不耐的批判聲音浮現。

當時我是可以議決議程的八位程序委員之一，內心相當掙扎，在同事情誼與社會責任上猶豫不已。

當時有一個歷史悠久的「新文化研習營」在南投舉辦，參加的都是「有理想、有抱負」的大專學生。我是其中一堂課的講師，會後餐敘時有位大一念藝術的同學挑戰我：「政治人物的話能聽嗎？」、「如果能聽又該怎麼辨別真假呢？」那份純粹的理想觸動了我的心弦。我跟她說，政治語言不要盲從、可以檢驗！這時，我拋出該如何抑制議會無止盡召開臨時會的議題，請當場的青年學子腦力激盪，新文化的青年學員們紛紛為我出主意，建議我不要出席程序委員會，不要再為臨時會的召開背書，還教我種種「撇步」。

他們沒想到我真的照他們的建議做了，而且發揮效果，讓保護傘無法撐開，才讓這個案件得以順利速審速結。重要的是媒體大幅報導，讓這些出主意的同學也看到了，他們打電話給我，興奮地說：「原來政治真的可以實踐理想！」

第二場......

政治初體驗

第二場
小助理大學問

權力春藥要不要

會選不賄選

喝咖啡聊是非

無名英雄、能屈能伸　　王欣儀

　　助理？不就是民代的助手嗎？開開車、拿拿公事包、跑跑腿嘛！哪有什麼大學問可言呢？NO！NO！NO！如果你這樣看待助理工作，可就大錯特錯了。

　　其實，助理的工作包羅萬象，可沒那麼簡單喔！特別是要成為老闆倚重的好助理，可不但要有P4以上的記憶體、如快捷郵件遞送般的「使命必達」、以及八爪章魚般的八面玲瓏。簡而言之，就是要具備有問必答、有事必辦的能力。有時，助理可能得權充老闆的分身，有時甚至還必須當擋箭牌，沒有三兩下，那裡罩得住呢！所以說，想當助理的第一哲學，就是要「能屈能伸」──要有固特異輪胎般耐操的體力、以及耐磨的毅力！

　　當然，做助理也不會只有吃苦受累的份，因為在某種程度上，助理往往就像民代的分身，因此所有的政府官員碰到面，自然會禮遇三分，擔心若稍有閃失，難保你不會在老闆面前打小報告，那他們可就自找苦吃了，所以平時頗有禿子跟著月亮走──沾光的快感！在處理法案或服務時，三不五時還可以趁機發發牢騷、耍耍特權；當然在解人疑難之後，也不乏感恩致謝，凡此種種，也算挺拉風的呢！只

是，這樣的角色扮演，分寸必須拿捏妥當，認知和定位都要搞清楚，否則老闆的招牌，也可能被你給砸了。

喔！對了，不知曾幾何時、打誰開始、又為什麼，助理們之間總習慣稱呼自己所跟隨的委員或議員為「老闆」，總之是當助理這行的「行話」就對了，接下來我們就來看看助理工作有一哪些酸甜苦辣，又該如何和老闆互動吧！

無名英雄、全能付出

由於民代的工作非常龐雜繁瑣，每天接觸的人、事、物可說是各式各樣、無奇不有，因此，助理的工作不但辛苦而且極富挑戰性；上自各種法案，下至選民服務，可說是上天下地、包山包海。有時像是小弟、小妹──客人來了要奉茶泡咖啡、要接電話、要排行程、要打資料建檔、要擦桌子做清潔工作、還得要跑腿買便當。有時，他又儼然像個地下民代，比如，處理選民的陳情案，老闆的公文要先過目，張羅座談會、公聽會或記者會，辦會勘、做協調；上節目前、邀稿時，助理可能得先幫老闆蒐集資料或先擬好內容；準備質詢議題時，如果助理的「功課」做得夠詳盡，對老闆一定會有加分效果。這時，他所

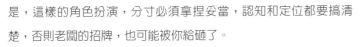

扮演的角色,雖然不是抬面上的政治人物,但絕對是個背後的無名英雄。

臨淵履薄、捧紙飯碗

表面上看來,當民代的
助理似乎挺威風神氣的,因
為狐假虎威之下,也有那麼
點掌權的味道;但嚴格說起
來,很多時候助理工作恐怕
比較像是個紙飯碗——不知
道能捧多久!此話怎說?

1. 沒保障:助理的飯碗
是隨著老闆的政治生涯而波
動起伏的,最極端也最理想
的例子當然就是像陳水扁總
統身邊的「童子軍」了,有
這個命跟對老闆,也要有相對的才幹才能擔當大任,這些年來他們隨著陳總統的登峰
造極,幕僚們也都連帶雞犬升天,位居要津或獨當一面。不過,可不是每個助理都能
有這樣的機運,如果碰到當老闆的不幸落選或不想幹了,助理就會隨著失業。除非,
你的老闆能夠在他其他事業中幫你安插職位,或運用他的人脈幫你轉介工作。但有
時,落選老闆本身都已經自顧不暇了,哪還管得到你的未來?

2.**沒制度**：助理的福利，視他跟隨什麼樣的老闆會有很大的差異——你的老闆是黑金背景還是兩袖清風，在行事風格、工作內涵及待遇條件等等上，自然是南轅北轍。有的老闆像朋友，相處起來很愉快；有的老闆像暴君，脾氣很大、EQ不高、個性上有某種毛病，但他卻擁有駕馭權力的特質。有些老闆薪水和年終獎金付得高，隨時辦聚餐，每年還送助理出國旅行；有些老闆卻很摳門，小到連文具支出都要嘮叨半天。

3.**沒時限**：助理是隨時待命、Seven-Eleven的工作。往好的方面來想，它很有彈性；但實際操作時，你會體會到，它幾乎是沒什麼真正假日的工作。我在當助理的時候，常常為了舉辦一場座談會或記者會，從議題標題的擬定、割字貼紅布條、到準備茶水和紙筆、招呼來賓記者、寫發新聞稿，流程中大大小小的事情，全得一手包辦，沒做完哪敢休息？又比如說，我自己當議員之後，碰上SARS肆虐，我們去募來增加抵抗力的健康食品分送民眾，助理們就得跟著我連續幾週利用星期假日到各社區去發放。又比如里上辦活動，早上六點要搭車出發，助理就得起個大早陪老闆去送水送車。選民碰上疑難雜症要找你服務，可不管你是否正在莊周夢蝶；還經常為了準備質詢題材、比對資料、翻預算書、寫新聞稿、質詢稿，搞到三更半夜——這些，都不是朝九晚五的上班族所能理解。因此，助理可以說是責任制的服務業，是一份只有上班、沒有下班、沒日沒夜、經常早晚不定時的

工作。

更何況，助理在背後默默張羅打點、忙進忙出，檯面上露臉的還是民代本身，光芒只會在老闆身上。

快速學習、從政跳板

話說回來，助理工作「錢少事多離家遠」，又如此沒保障、沒制度，為什麼還是有這麼多人要搶著做呢？因為助理工作的經歷也是非常難得的學習經驗。前面說過，民代的工作非常龐雜，舉凡環保、交通、教育、財經、工務、民政⋯什麼都要碰、都要了解。因此，接觸的人可謂三教九流，從高官紅頂、政商名流到升斗小民、甚至市井無賴。透過這個複雜多元的學習環境，助理可以在很短時間內快速成長，學習到許多做事的方法、技能，累積豐厚的人脈、實力和經驗；也比一般人有更多機會見賢思齊，看到很多功成名就的菁英能人，他們是如何待人接物、做人處事。放眼望去，很難有哪個工作職場是這樣一個特殊而多面向的綜合體，這份工作自然也就有它獨特吸引人的魔力。

因此只要懂得善加利用，從事助理工作雖非長久之計，卻會是很好的跳板，不管將來轉戰何處，這樣的經歷往往都能讓你受益良多。許多人也藉由這樣的實戰歷練，做為未來從政的基礎、管道、甚至是捷徑。

以我本身為例，在議會當辦公室主任的歷練，必須要能發掘問題、揭弊興利、草擬新聞稿，因此，我必須培養出新聞鼻，知道從什麼角度出發，新聞才會被做大？要怎麼寫出好用的新聞稿、記者會更方便刊出？也因為有這樣的資歷訓練，讓我後來得

以有機會進入新聞媒體工作，乃至於日後回鍋從政、參選議員。

此外，助理工作有時還有它的附加價值：

一是位輕權重：如果遇到一個權力肯下放的老板，助理揮灑的空間相對較大，這時助理可以間接行使權力，一嚐權力滋味。比如說，官員們希望預算案或政策能順利推展過關，往往也會在助理身上下功夫，請助理在民代面前美言幾句——這時，助理們不免覺得飄飄然——傳說中的「權力是春藥」或「權力使人腐化」，在當了助理以後，就能體會箇中三味。這時，助理福利就不是光靠金錢多寡所能衡量的了。

二是老闆的專長背景：比如李慶安委員是新聞媒體人出身，我做她的助理時，就學會如何進行新聞的操作；有些老闆是做生意的，那麼，說不定助理買他的商品時，還能有超低折扣、佔點兒便宜呢！

「師父領進門，修行在個人」，事實上，權力並不一定就是特權，有時是一種影響力的展現。試想，不少市井小民胸懷政治、對於法案、建設有著殷殷期盼，卻總是「狗吠火車」，沒人理會。但透過助理蒐集資訊、讓老闆在議事殿堂上針砭時政、監督施政、把關預算，往往可以讓好的政策或法案真能落實推動、具體可行，這時你會感受到身為無名英雄的助理，也真的可以發揮影響力、可以為民眾伸張正義，為弱勢爭取福利，而深深著迷於它所帶來的成就感和挑戰性。

堅定信念、專業素養

依照執掌的型態來粗分，助理約略可大分為二類：舞文或弄武。文助理就是法案助理及行政助理，法案助理較需專業素養、新聞Sense及幕僚性格，主攻尋找議題、處理新聞、推動法案等。行政助理就像秘書或會計，要處理帳務、老闆行程、資料建檔、及各種公關瑣事等。武助理則以跑地方行程、經營選區人脈，或處理選民服務案件為主。不論文武，這兩者就像是民代的左右手，缺一不可，若有本事能允文允武，自是上上之選。徵諸歷史，凡文武兼備者，肯定是江湖中響噹噹的一號人物！

分憂解勞、死忠護主

不是說助理難為嗎？有時連一些狗屁倒灶的事，助理也得一肩承擔。比如，某週刊指出多位立委特權罰單積壓欠繳，就有助理跳出來說，委員已經吩咐交辦，是自己忘了去繳納，千錯萬錯，都是在下我的錯，和主子一點關係都沒有；又如男民代在外花天酒地，擁有三妻四妾小老婆，被大老婆跟監時，助理還要出來替他說謊、當擋箭牌、編造不在場證明，扮演好揹黑鍋、替死鬼的角色。更別提靠買票賄選的老闆，一旦東窗事發，助理可能還得吃上幾年牢飯呢！

此外，助理會遇到的狀況，無奇不有，最好練就兵來將擋、水來土掩的十八般武藝。話說，當年當助理幫人抬轎選議員時，除了要坐鎮競選辦公室、當分身拜票、帶領工讀生插旗、發文宣，還要訂便當、計算工讀生鐘點費。某天，我們加辦了一場問政說明會，當時除了張羅現場，我還兼做主持人。只見預定時間已到，但助講員和候

選人卻都因為路上塞車、行程耽擱趕不及；這時，台下已坐滿前來聆聽政見的民眾，我拖了五分鐘之後，心想：「怎麼辦？怎麼辦？不能再讓現場冷下去，否則會把選民都給得罪光！」偏偏又是加辦的場次，所以連帶動唱的老師也沒請。雖然有如熱鍋上的螞蟻，也只能急中生智硬著頭皮自己上台去教帶動唱拖時間暖場：「請你跟我這樣說、請你跟我這樣做……」還得有模有樣，不能跳得太難看，因為，助理只能幫老闆加分，不能減分！

商場上有句耳熟能詳的話叫做「顧客永遠是對的」，對我們來說，就成了「選民永遠是對的」，還要加上一句「您的大事小事，都是我們最重要的事」。面對繁瑣又千奇百怪的服務案件，助理的EQ必須要很高，當了助理以後，我才赫然發現，原來這個社會上，神經病的人竟然這麼多——經常會接到胡說八道的電話、不知所云的訪客，或是三不五時收到怪信；也會碰到持反對立場、理念不同的人來丟冥紙、性騷擾其至語言暴力。

當接到「死忠反對者」打來的電話時，哪怕對方再激動、言論再不堪，最好的回應方式就是一律說：「謝謝您來電！您的寶貴意見我們一定會轉達給委員（議員）」，千萬別浪費時間、唇舌和他辯論、說明，要知道「信者恆信，不信者恆不信」，對方打來不過是想發洩情緒罷了，別心存幻想對方會聽進你的解釋，更不必動怒氣壞自己，就當是一陣瘋狗亂吠，一笑置之即可。尤其防人之心不可無，萬一激怒對方，說不定還會引致對老闆的暴力傷害。

不過，對刁民的讓步，也有一定的限度，民主基本的尊嚴還是要維持。我曾經接過一個很「ㄅㄨ丶」 的電話，不斷辱罵批評又非要我和他辯論，不和他正面交鋒就不斷打來，當你真的說明解釋，果然他又根本不聽；魯了老半天，最後我氣極了，告

079

訴他：「我現在把助理工作辭了，助理不做，我和你一樣也是選民，我有權和你看法不同吧！」

助理六要、缺一不可

平平是助理，誰在未來能夠成為一號政治人物、並獲得其他政治前輩的肯定？端看助理本身如何認知，把自己定位在什麼位置——你只是個跑龍套的角色、得過且過呢？還是自許為專業幕僚、替老闆縝密思慮、希望有朝一日能出類拔萃、獨當一面？

定位清楚、允文允武

要知道，助理工作雖然繁瑣，卻是許多人希望之所繫——大自對國家社稷的影響

力，小至對選民的服務案，稱職助理都能透過推動好政策、好法案，造福國家、替選民解決棘手難題。而工作的快樂，正是一種克服重重障礙之後的成就感，它和玩樂的快樂不同，過程雖有艱辛，但征服挑戰的成就感，卻是一大享受。

「要成為領導者，先從做一個成功的助理開始」，不管立志文助理

或武助理，都要先扮演好自己的角色，並期許自己成為專業的幕僚、優質的助理，尊重你的工作，那麼，機會自然不會錯過你，好運也會永遠跟隨你，順勢成為檯面上的政治人物，將是指日可待。也建議有志從事助理工作的年輕朋友，要用腦思考（許多人做事常不經大腦），用心體現（做事存乎一心，用心來感動人者，必可事半功倍）。

我個人認為，一個稱職優異的助理至少要具備以下這六大信念，一併提供給大家作為參考：

1.要有熱忱：有熱忱才能樂在工作，有時為選民服務了老半天，他還是不斷抱怨、毫無感謝，甚至難以伺候，這時，就必須要靠熱忱，才能克服那種失落感。如果你抱著不得已才吃這行飯的心態，面對民意代表龐雜的人事物，肯定難以接受。所謂的熱忱，也可解讀為信念或使命感——無論你把做助理當成政治跳板，或是服務世人的理想，都要有使命感，否則它可是份苦差事。

熱忱體現在開朗的性格和工作幹勁上，如果沒有，就免談了。因為，開朗的個性會讓周遭的人對你有好印象，才能替老闆加分；一個陰鬱的助理，講話有一搭沒一搭的，有誰會認為他的老闆板有活力、有衝勁？

其次，熱忱也是一種將心比心——對老闆、對服務對象、對自己的選民，都要有耐心、同理心。比如對選民噓寒問暖，處理服務案設身處地，為老闆設想週到、適時提點、力諫箴言等。

能夠這樣，必能獲得老闆的信賴，讓選民的滿意化為選票。要知道，服務的本質就是取悅人，所謂助人為快樂之本嘛！做為民代，能不負選民囑託，能讓別人快樂、自己也就感到更加快樂，這就是樂人之樂！

2.要守時間：掌握時間是非常重要的事。你的服務快不快？好不好？評價如何？進度的掌握和追蹤報告很重要。

通常選民會找上門的案子，往往都是疑難雜症，本就不可能事事圓滿，但至少要盡心盡力去處理。無論處理手法管道為何，是要安排會勘、還是辦協調會；在等待的時間定不忘主動回報，不能沒有消息。這樣一來，即使幫忙不成，選民也不會怪我們。我常告誡我的助理：「服務做不好，比不服務更糟糕。」因為，你沒服務人家可能還不會怪你，不知道你服務得如何；但若服務做不好，選民反而會怨懟、懷恨，豈不把選票往外推。

執行情況的後續追蹤也很重要，才不會虎頭蛇尾，服務案件也才真能結案。和政府部門要資料等亦同，時限一到馬上主動跟、催，配合的府室單位，必定不敢怠慢，否則往往就是官僚體系那一套──推、拖、拉。

同時，也要隨時回報老闆，讓老闆知道各類案件、交辦事項進度如何？有沒有困難？這樣，老闆才不必再花心思時間去記去問。回報時，先說結論，再說數據和資料等等。

守時間有兩個要點，一是「分輕重緩急、時限內推動」。我當助理時，常常恨不得自己有八雙手，按期做完該做的事。後來我到電視台當主播，電視新聞是以秒計算，必須精確掌握時間、分秒必爭；有時連剩下的兩秒，你都要想好可以做什麼事、說什麼話。這種訓練也養成我這些年來，除了洗澡外，錶不離手的習慣。

守時間的另一個要點是「今日事、今日畢」。老闆交代的事，能今天完成就不拖到明天；此外助理工作一煩雜，就常常會忘事，因此，必須養成記日誌的習慣──什麼事忘掉了？追蹤了沒？光靠頭腦記是不行的，要有方法備忘，隨時回頭檢核，才不

會誤事。總而言之，就是報告、連繫和商量，並且運用方法，有效率的完成工作。

3.要負責任：做為助理，不只是對人、對事，更要對自己負責；負責同時也代表誠信和忠誠度。尤其是在爾虞我詐的政治圈，身為政治人物的貼身幕僚，忠誠絕對是第一要務。口風緊、不讓老闆操心，讓老闆板安心、放心和信賴，這樣你才能進入核心，老闆板才會和你談許多內幕。至於答應選民的事能否切實做到？更是將來選票回饋與否的重要關鍵。

對自己負責，就會懂得愛惜羽毛、注重形象。助理在外，某種程度就代表老闆，因此形象就相對重要；而若你將來有心從政，更要從現在開始就注意形象。

4.要有基本特質：靈活敏銳、反應快、辨是非、懂分寸、行事乾脆、俐落果斷等，都是很重要的特質，也是助理的基本配備。

嚴格講起來，民代助理具多變、多面和多樣等多重性，不但層面廣，而且事情多，一定要能辨是非，才能有操守、有智慧。聰明才智或許天生，但敏銳靈活，卻是可以靠認真用心及學習訓練而來的。

我常說：「眼前的利益，不一定是真正的利益」。助理身處在權力邊緣，如果一時利慾薰心，為了金錢或禮物而背著老闆去關說圖利、或假傳聖旨安插職務等，就算眼前一時得利，但紙是包不住火的，終究會把自己的路走窄。如果你利用助理身份，

做生意、要好處、耍特權，讓老闆頭痛不悅，那也是自斷生路。

　　此外，助理的溝通技巧要好、EQ要高、要有禮貌；說來輕鬆，但知易行難。禮多人不怪，對什麼人，可以講什麼話、做什麼事，這些微枝末節，若都能拿捏得宜，必能造就你出類拔萃、與眾不同，讓被服務的人感到舒服。

5.要有觀察力：同樣經歷助理工作，為何有高下之別、發展之異？我認為有沒有觀察力很重要——懂得利用機會觀察老闆、甚至週遭各方能人智士如何待人處事、應對進退，是絕佳的學習場域。

　　舉個小例子，二○○四年五月間，我和馬英九市長同時出席一場全民學習CPR急救的活動，艷陽高照下，主辦單位發給每人一頂棒球帽。在媒體環繞下，我除了觀察到馬市長如何用機鋒、幽默感和恰到好處的戲謔和媒體對答外，也發現馬市長在示範CPR前特別把帽子反轉、帽簷朝後，好露臉拍攝、也方便做事；當媒體採訪輕鬆活動話題時，帽子維持不變；但當媒體一轉問較嚴肅敏感的政治話題時，馬市長隨即不忘將帽子摘下接受訪問。從小處著眼，就可感受到一個成功的政治人物是如何計較每個小細節，來重視維護自己的形象，絕不只是單靠好看的皮相而已！藉由近距離觀察政治人物，恰可截人之長、補己之短。

　　觀察不只是用眼睛，也要懂得會傾聽。做選民的朋友，傾聽他們的心聲，也可以幫老板發掘問題，隨時獲得情報和資訊在選區內走動，看到有人過世，主動關懷、送上輓聯或致祭；看到新餐廳開張，提醒老闆送個鏡屏或中堂，讓店家感受用心。

6.要自省：「吾日三省吾身」雖是老話一句，卻是我每天必做的功課。白天一天忙亂下來，到晚上睡前沉澱下來，總要回想自己整天的所言所為，哪裡不夠好？哪裡有疏漏？話講得是否恰當？政壇上攻防之間，對外作戰必須口徑一致、堅守立場；對內關

起門來，則一定要自我檢討：做得對不對？對得起自己和選民嗎？

　　做助理也是一樣，不能只以符合要求為滿足；如果別人要求你八十分，你要自我要求一百分。記住：當你做得比別人要求更好時，不成功也難！

　　此外，隨時充實自己也很重要，不管是研析議案、各種論述或國內外時事，助理要言之有物，才能服人，也才能獻策當老闆的智囊。

　　整體而言，助理也者，幫人打理是也。永遠記得，雖然表面上你是幫老闆做，但事實上你是對自己負責、跟自己競賽，成長、成就的，也將是自己。只要認真學、努力做，所謂路遙知馬力，不怕沒機會。反之，如果做助理的不願認真踏實，只想心存僥倖，那麼「僥倖恐怕就會是不幸了」。

小助理看三小、入深山學功夫　　　阮昭雄

　　「助理」工作，是許多年輕一輩政治人物當時「誤入歧途」的開始，像是年輕一輩的立委羅文嘉、卓榮泰、段宜康、蕭美琴等。當然他們都當過不同政治領導人的助理，這些許多不同的經驗，可以讓願意從助理開始歷練政治工作的你們參考參考。而我個人也當過助理，甚至工作上也認識許多助理，在民進黨中央黨部青年部主任期間，更在訓練助理。民進黨前中央黨部秘書長吳乃仁（人稱乃公）曾說政治工作者的養成就像醫生一樣，從醫學院學院的訓練，然後要從住院醫師、主治醫師一路養成，才能成為一個好醫師、一位名醫。所以囉！助理可有許多的甘苦談。

　　羅文嘉的老闆是當今的「大老闆」阿扁總統，而羅文嘉更是那種老闆一路往前走、向上攀升，而自己也隨之往前走的最佳例子（我可沒說是「一人得道、雞犬升天」），而許多年輕人會選擇國會助理的工作，更是受到羅文嘉、馬永成的「遺毒」，不知助理「慘無人道」的故事，所以憧憬助理的工作，尤其是國會助理。許多年輕人總是期待他們遇到的老闆是另一個阿扁，其實他們「想太多了」，這可是可遇不可求的。

　　卓榮泰則是另一種類型，卓榮泰是高雄市謝長廷市長在擔任台北市議員時的助理（歷史更是久囉！），所以在謝長廷從議員參選立委時，卓榮泰就隨即參選台北市議員成為謝長廷的大弟子、接班人。一種老闆的位置空出來接班的味道，這種接班人的「邏輯」就常常出現在台灣的選舉裡，尤其是民進黨這種派系林立的黨內。不過這可不是萬靈丹，因為除了老闆要夠「大卡」外，自己可也要像個樣子才行，不然誰也扶你不起，就算你是「小布希」的接班人也不行。

　　段宜康曾是民進黨五連任資深立委洪奇昌的助理，所屬的新潮流派系培養年輕人

小助理看三小
入深山學功夫

更是「有一套」，而民進黨現今三十五歲以下的國會議員、縣市議員有部分不是新潮流的成員就是跟新潮流的關係密切，而新潮流對助理的訓練更是有其一套完整的「培訓計畫」，簡直就像是軍校在訓練軍官。

加上新潮流在民進黨地方執政的縣市還算不少，民進黨執政的十個縣市，新潮流就佔了四個縣市（二〇〇一年到二〇〇五年：宜蘭縣長劉守成、彰化縣長翁金珠、台南縣長蘇煥智、高雄縣長楊秋興）。他們也非常有心讓年輕人可以進入地方縣市政府歷練，不論是擔任機要或是局處首長，像段宜康就擔任過澎湖縣長高植澎的機要秘書。所以在陳水扁、謝長廷、蘇貞昌這些民進黨閃亮政治明星廣用年輕人的同時，新潮流早就更是身體力行，大量重用年輕人，這也是新潮流之所以在民進黨內突出、比起其他派系堅強的地方。畢竟給自己多一些「未來性」是很重要的，一個政黨如果重視年輕人，也才會有未來性。

不過要進入新潮流可不是簡單的事情，除了要有派系大老的推薦外，更要經過新潮流有計畫的觀察和訓練，才能正式「入流」。當然政治的分分合合是在所難免，所以在新潮流發展的過程，也跟其他民進黨的派

系一樣，有人也因為政治理念不合或利益衝突而離開。而我們這些年輕、在政治上也有過位置而未入或不入新潮流的人，常開玩笑自己是「不入流」。當然新潮流在民進黨逐漸成長的過程中，現今已逐漸成為「主流」了。

蕭美琴是另外一種典型，在美國讀書時曾是副總統呂秀蓮的助理，參與許多台灣國際事務的工作，流利外語和對國際事務的觀察學習，更使他成為在民進黨新生代中對國際事務專業領域的翹楚。蕭美琴二十五歲時，被當時的民進黨主席許信良（老許，黨內對許信良的暱稱）拔擢為中央黨部國際事務部主任，創下民進黨最年輕的一級主管紀錄（謝長廷擔任黨主席時，二十八歲的鄭運鵬，擔任文宣部主任，同樣引起注意）。這種以專業背景取勝的方式，也是年輕人選擇從政的途徑之一，不過不要以為蕭美琴是如此規劃自己的政治生涯，據蕭美琴說若不是「新新聞」雜誌毫無根據的緋聞事件，他可能不會願意提早或根本不會躍上第一線參選立委。由此可知，計畫可跟不上變化囉！

看看上述的例子，這些人的老闆在民進黨內和台灣政壇上可是「喊水會結凍」的政治巨星（不止是明星而已），而這些政治明星在其政治路途上的表現，助理群則扮演著十分重要的角色，像阿扁總統在擔任立委期間就曾同時擁有二十多

位助理（號稱第一），為其問政提供協助，謝長廷、洪奇昌、呂秀蓮同樣對助理群的要求也非常嚴格，他們會有如此的光景，助理扮演了重要的角色，他們也都是非常值得學習的「好師父」。

這樣聽起來「助理」倒是挺重要的，但助理的生涯有許多的酸甜苦辣可不足為外人道。助理中有的平步青雲、有的身懷絕技、有的半途落跑、有的鬱鬱寡歡。在廣大青年政治工作者的競爭中，如何尋求定位、如何自我要求、如何在茫茫助理群、眾多預備養成人才中力求突出，是需要一番努力的。

而助理的工作我認為倒比較像武林中人、像學武的人、像是入深山學功夫，像是「張無忌」、像是「令狐沖」。我常比喻自己像是一個少林寺和尚，在少林寺裡學會少林金剛爪、少林拳後，又到武當派學太極拳、到華山派學華山劍法、改天可能要到峨眉派學功夫，若能一夕之間學好九陽神功、乾坤大挪移那就更好了。

所以與其說是找一個好老闆，倒不如說是尋求良師來得貼切。據我個人觀察，民進黨的政治人物基本上還算是喜歡與年輕人聊天互動的（這或許因為「小時候」大老

們對他們也是如此），這種與年輕人貼近的感覺，是民進黨內菁英一種特殊且很好的文化，所以就年輕人而言，是一個好機會。擔任助理因為近距離的觀察，使得不論是對政治的運作、政治的利害分析、政治人物間互動、和民眾的互動（尤其是柱仔腳），都是很好的學習教本。

不過，師父（老闆）類型可有很多種：

嚴師嚴父型

有許多政治人物，尤其是民進黨目前檯面上這些大卡司們，大都屬於這種類型，不過少數中生代的政治人物，也有此類型的。這一類型的師父大多嚴肅、有威嚴，對助理們常常是不假辭色，對於助理的要求非常的高，對於工作效率的要求更是嚴格，常常是上午交代事情，下午就要完成，你心中自是「幹」聲連連。不過他們通常自我要求也非常高，所以對助理的各項要求標準自然就高。在這種老闆底下做事當然痛苦，除非自己有被虐傾向，不然一定會感到辛苦的，有時還會覺得沒人性。但這種類型的老闆，卻是可以學到很多，他們也常常是不吝嗇地教你兩招功夫。一些突發的狀況，是老闆、師父要給你的考題，你可得把他做完、做好，所以說要出頭天，你得要熬喔！

兄弟姊妹型

大家就像是一家人一樣，老闆和夥計的界線不大，會有一種大家一起打拼事業的

感受。由於年齡相近或像一家人般，所以在對老闆在政策或政治處理上的建議較能溝通，自己也比較有成就感。這類型的政治人物通常比較年輕，不過不要以為他們年輕就比較好搞，沒的事！他們可不是第一天出來江湖混的！

　　選擇老闆時，若是年紀比較相近時，互動比較沒有壓力，建議也較會被採納接受，但是在政治的運作上也常常因為年輕，「大家」都沒經驗，雖然做事較有效率，但是「效能」卻不見得多高啊！

　　這種「你兄我弟」型的老闆，對於年輕助理而言成就會比較高，一種共同成長的感覺，那是其他類型的老闆有沒有的特質。

惇惇善誘型

　　應該快絕跡了，因為政治人物到了一定位階之後，通常都會有一些「自我」的傾向，所以要老子「好好跟你說」通常很難，不過也不是沒有。通常此種類型的老闆對助理的要求較為人性，也比較容易溝通。若是你可以隨時自我要求，這種老闆可以跟，不然你可會養成「混水摸魚」的習慣，這樣你的政治前途就要「莎呦啦哪」了！

自我的戰鬥力就很重要了，通常這類型的老闆比較溫和，問政風格比較平實，當然個人風格也就比較不突出，作一個助理成就感就比較不能從「虛華」中滿足，所以就好好擬法案吧！

而身為一個好助理必須具備下列「三小」：

眼光不可小：不要以為自己當個助理沒啥前途，除了我們提到有這麼多年輕立委曾經有過助理的經驗外，在總統府參與機要工作的年輕秘書們，十之八九也都有助理的經驗。所以要把這些歷練當作自己閉關修練的過程，不論是在立法院、地方服務處或是地方議會擔任助理都是如此，因為政治權力的運作場域中，這些位置是最容易去觀察的，好好觀察、好好學、甚至偷偷學，會很有收穫的。

年輕就是本錢，眼光放遠，除了自我的規劃外，老闆在政治路上是否「有所堅持」是很重要的，一個走正道的老闆才值得你花費青春歲月，不然就救不回來囉！

學習不可小：在助理的工作裡，你會接觸到許多資料和資訊，那些都是寶，都是十分寶貴的寶貝，多看些資料、多消化各種訊息，那些都是武林密笈，都是教你如何在江湖上行走的教戰手則，更是你累積專業重要的法寶。

也多跟資深的老助理互動，他們就像一座寶庫一樣，有著挖掘不完的「黃金」，不但引你早些入門，也可以告訴你該行的江湖險惡，如此才不會「中毒」還不知道要找解藥。

不可以為自己是「三小」：有人開玩笑當助理容易學壞，當自己還不是「什麼」的時候，由於公職助理的光環，就亂搞特權。有人對行政單位官員大小聲（有些政府官員都可以當你爸媽了！），或是你可以不用預約排隊，就可以買到火車票（這是台灣鐵路局對立委辦公室的公關優待），就可以吃到農委會送的高級水果，就可以……

當政府官員對你畢恭畢敬時，可不要以為自己很行，你只不過是狐假虎威，官員是看在你老闆的面子上，不當助理時，你不過是一隻病貓。所以在當助理期間，廣結善緣是很重要的，對於公事，「意志堅決、態度和緩」是最高原則。也有許多助理在離職之後，仍然與國會（府會）聯絡人保持很好互動關係，這對你未來政治路途會有灌頂加持、功力大增的功用，因為總有一天你會需要他們的。他們不只可以協助各項案子的進行，更可以成為我們的「顧問」，在公務體系中，這些公務人員可比我們在行多了！

所以不要這一些「壞習慣」，搞特權或許可以短暫地「爽」一下，以為自己是個什麼似的，但是政治路「長長久久」，這種不良的習慣是不長久的。年輕的我們，從事政治工作應該更要有健康的心態，幫助他人處理陳情案件，或許對我們而言不過是一件個案，但對陳情人而言可能是一家子生存的問題。善用老闆的職權，作一些對社會有意義的事吧！

簡而言之，年輕人在政治工作的入門，助理工作會是一項極佳選擇。

預見100％的夥伴關係 | 趙天麟

「以後我不再稱你們為僕人，因僕人不知道主人所做的事；我乃稱你們為朋友，因我從我父所聽見的，已經都告訴你們了。」約翰福音第十五章15節

　　我是一個基督徒，閱讀聖經是我生活的必需，也是精神糧食來源。馬太、馬可、路加與約翰四部福音書，是新約聖經初始的四部書，也是耶穌從誕生到釘死於十字架，進而復活的事蹟記載；其中耶穌對門徒的召喚與教導，是佔相當篇幅的重點。

　　還記得慈禧太后身邊很小人的「小李子」嗎？還有昔日電視劇中軍閥大帥呼之即來、揮之即去的「傳令」，當然包括當代從黑頭車下來的黨政要員旁邊，不會缺少的「參議」、「機要」或「特助」了。

　　「助理」以前給人的刻板印象，不脫上述那種上對下，階級分明，且狐假虎威、趾高氣昂的標籤。做老闆的頤指氣使，當伙計的則是對上低聲下氣，對外人則拿著雞毛當令箭。總之，好助理不太好當，令人敬佩的助理似乎更難了。

　　別忘了，刻板印象所形成的背景，是不民主的過往；在今日民主的台灣政治環境，新好老闆與新好助理所需具備的條件，跟以前有很大的不同喔！

阿扁總統有「四不一沒有」，我且以新觀念老闆與助理的「四要一沒有」原則，提供有意從政或擔任助理的讀者參考。

新好老闆的「四要一沒有」

1.要理念：約翰福音第十五章15節所記載，耶穌向門徒表示不將他們當作「僕人」，而是視為「朋友」，因為耶穌已將天父（上帝）的道理充分向門徒教導，期勉門徒不只是盲目跟從的工具，要知其然也知其所以然，並要有積極傳教的企圖心。

理念是跟隨的前提，溝通更是認同的關鍵。

我常跟幕僚群分享我對「新政治人物風範」的觀點，那就是政治人物應該是跟民眾站在一起，隨和、沒有架子，他（她）的權威來自專業，而不是來自他的職稱或權力。

我發現這種理念的「分享」很有效

果，助理們喜歡跟群眾玩在一起，市民也習慣把我的幹部當作親近的朋友，傾吐心事、分享見解。這樣不僅沒有絲毫折損我的「權威」，反而更讓大家打從心裡認同呢！

2.要信任：「用人不疑、疑人不用」是一句耳熟能詳的諺語，在政治實務上卻也

是屢不爽的原則。

只不過我覺得好老闆應該先做到「疑人不用」，認真評估可能聘任的助理是否適任，操守、能力及學經歷各方面是否符合該服務團隊的需求，寧可「先小人、後君子」，經過嚴格篩選後聘用的助理，就該「用人不疑」。

「我有一種不被信任的感覺」還記得某台休旅車的知名廣告文案嗎？ 不被信任的駕駛無論前進後退，還是加減速度，都會顧慮坐在駕駛座旁那位「憂慮者」的「指揮」，結果他（她）很慢才能充分瞭解行駛的分寸，試想如果駕駛是助理，「憂慮者」是老闆，那不僅助理將被念得很煩躁，坐在車上的老闆是否也不輕鬆呢？

我負責跑地方組織的助理有兩位，都跟我一樣是六年級生，我將選區仔細分為兩大責任區交給他們，確認責任目標（一定期限內招募後援會員、黨員及建立名單與情感等），但不會每天或每幾個小時就要求他們交代去向，盯緊進度，讓他們放手去做，有問題才由我出面協助，結果成效卓著之餘，工作起來也很有成就感！

3.要尊重：政治工作是「知識經濟」的一種，她必需大幅度仰賴工作團隊的思考、蒐集、撰寫、溝通、表達等綜合專業能力，「尊重」絕對是政治雇主在挖掘人才的第一要務。

我認為「尊重」有兩個面向：一是合理的薪給條件，二是高度的參與感與成就感。

薪給條件部分，首要「層次分明」，資深、學經歷佳或主管級助理薪資要高於其次者，甚至可區分為二至三個階段，讓幕僚群感到有升遷的機會，自然就會努力去達到更上一層樓的目標。其次是「重賞之下必有猛夫」，讓績效好的幹部享有獎金或休假，激勵同仁工作士氣。

　　我的辦公室就經常設定高標準工作目標，達成後集體在國內外旅行慶功，那種工作得辛苦也玩得盡興的感覺，真好！

　　「參與」及「成就」也很重要，好老闆不能只出一張嘴，也要陪同仁做寂寞辛苦的籌備工作，而當目標完成時，更要不吝讚許，即便暫不符期待，也要拍拍助理的肩膀給予鼓勵，久而久之，你（妳）將擁有強健的戰鬥團隊喔！

4. **要溝通**：「官大學問大」是舊老闆的迷思。

　　當你（妳）發現開會都只有老闆在說話時，這各團隊一定死氣沈沈，什麼都聽老闆的，即使老闆是錯的也不敢（或不願）講出來。所以新好老闆一定要有「聆聽」的雅量，更要培養出「雙向溝通」的工作環境。

　　方法很簡單，老闆要經常「友善發問」，不要每次都不經討論就自己做決定，並急著向助理「灌輸」，而應該將議題化成問題拋給助理思考，並股利大夥發表看法。如果看法跟自己的不同，也不要馬上潑冷水，而是把認為還不夠完善處再發問，直到有初步共識為止，甚至有時候試看看與自己迥然不同的意見，還會有意外效果。

　　現在我的服務處就像是昔日「表演工作坊」的「集體創作」一樣，大部分的事

務，我都拿出來跟大夥討論，聽到寶貴意見不講，還常因為助理的「提醒」，及時避免不少錯誤呢！

5.沒有架子：以前的政治人物講究派頭，如果派頭不夠大還會被批評「不稱頭」。現在可不一樣，我看過許多氣勢凌人的政府官員或民意代表，在人前擺足架子時忘了他人的存在，可是當他離開群眾時，可被人譏笑與奚落不已，更遑論把票投給他（她）了。

在高雄，人跟人之間親密和善的接觸更為重要。但是沒有架子跟沒有氣質絕不劃上等號，南部人喜歡的是有權力者直率誠懇的與人為善，這樣會獲得高度評價，但若因此誤會成要「嚼檳榔」、「大聲公」才能獲得選民青睞，那可就大錯特錯囉！

新好政治老闆要謹記：你（妳）的權力來源是民主制度下人民所賦予，我們只是代替市民行使一項工作，滿足「頭家」們的要求就來不及了，怎還會向頭家「擺派頭」、「耍個性」？

新好助理的「四要一沒有」

1.要專業：這是一個專業分工的時代，新好助理如果能具備政治工作需要的專業能力，將為老闆及團隊貢獻良多，也將讓自己成為較不會被替代的好幫手。

政治專業大致有以下類型：

策略專業：在政治思想與理想執行策略上有過人能力，可以協助老闆面對社會與工作需求時，做出正確判斷。

新聞專業：媒體是今日政治不可或缺的溝通管道，新聞公關與新聞稿撰寫能力是

重要的政治專業之一。

　　法案專業：議題操作及法案研究，是民意代表為民喉舌及促進選區利益的關鍵能力，透過議題操作及法案提出，可讓理想落實於政策。例如心路基金會長期推動的「心智障礙者課後照顧」相關法案，就在我透過公聽會、質詢及法案提出等過程後，成

為政府具體政策。

溝通專業：這種能力主要用於「選民服務」及「組織經營」之上，「選民服務」負責者必須成為陳情人及政府間的溝通平台；而「組織經營」負責者更必須成為民代的「末稍神經」，傳達老闆理念，也讓民情在傳達回服務團隊時沒有障礙。

行政專業：民代服務處所的財務、總務事項及管理規章等，都是行政專業的環節。具有良好行政專業的助理，往往將成為老闆長期依賴的「好管家」。

2.要忠誠：在所有專業裡，「忠誠度」是最重要的一項，也是大多數政治人物聘任助理的首要標準。

民意代表經常能夠接觸第一手政治或政策訊息，基於分工的需要，老闆多會將得知的資訊透露給助理得知，並交付相關任務。如果「忠誠度」有問題，或者是太過「八卦」，「助理的嘴」往往成為洩漏機密業務關鍵的一環；更不要說把關鍵的訊息轉而透露給對手陣營或其他不適當的人士。

別忘了，獲得老闆的肯定才是助理工作的價值，要抗拒來自記者、政敵，甚至是市井小民的慫恿，用八卦換取的友誼或成就感不會長久，而且會被業界根本否定喔！

3.要理想：政治是一種信仰，也是實現理想的利器，從事政治工作如果不是出自於理想，要不就是容易受利益誘惑而犯錯，要不就是會感到太過疲累而提早出局。

我有一個朋友，他是因為喜歡跟著政治人物享受權力滋味才當助理，初期跟著老闆吃香喝辣好不痛快，出入老闆身邊的達官貴人也因為他是左右手而另眼相看，彷彿他就是民意代表的分身。

沒想到，老闆因被質疑貪瀆而受到選民批判，昔日酒肉朋友都逃之夭夭，他卻因為不瞭解老闆的理念，也沒有替老闆辯護的能力和動力，結果黯然離開、自怨自艾，

就是最好的例子。

　　4.要樂天：坦白說，政治真是一件辛苦的工作。

　　大清早就得起床參加告別式，或是向早晨運動的選民請安問好，白天要問政及拜訪選民，晚上還有應付不完的應酬及Call-in節目。「朝九晚五」對大部分政治人物其助理來說，真是奢侈的夢想。

　　這種日子過久了常會有工作倦怠，當面對龐雜的問政資料蒐集或千奇百怪的服務案件時，往往會失去正常的EQ，得罪選民，也造成老闆的困擾。

　　所以新好助理要常保樂天的性格，「換個角度想」經常是情緒陷入瓶頸時的良方。雖然助理每天要面對許多種選民及案件，但是每位市民的案件及意見，卻是他們最重視的一件，幫助了某個人，將幫助整個家庭或社區，那種喜悅將成為樂觀進取的動力！

　　5.沒有計較：「吃虧就是佔便宜」是我擔任多年助理的心得。

　　我曾在高雄在地的台灣新聞報擔任採訪主任，當時我不僅年輕，還新來乍到，剛開始要對記者指揮調度新聞時，真是困難。有嫌遠的，有嫌新聞不夠有趣的，嫌東嫌西造成我這個主管莫大的困擾。

　　當時有部分的同仁自告奮勇，別人不跑的新聞，他（她）跑，別人計較的麻煩事，他（她）做，結果他們逐漸成為採訪組的重心，工作雖重，但備受重視。現在這些不計較的記者不是在市府擔任首長機要，就是被其他報社挖角，還有一位現在擔任我服務處專職新聞公關的主管。

一百分的戰鬥隊形

要成為一位稱職的民意代表，百分百的戰鬥隊形不能少，在市議員的層次，好的戰鬥隊形建議如下（各部門助理人數因不同民代而異，有的分工很細，有的則採取重點兼任）：

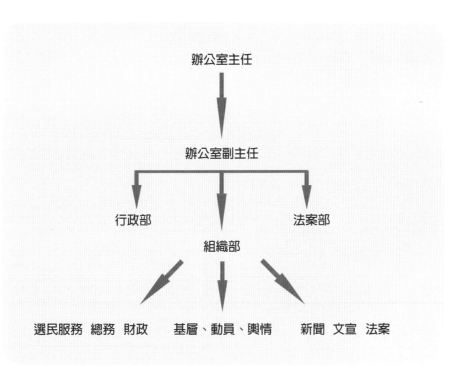

在掌聲背後的是 ！？

王昱婷

始終記得當二十歲的我，初跨進立法院時的感動；始終記得當時唸大二的我，手中剛拿到立法院助理證時的溫度。使命感從心中油然而生，對國家、對社會的種種抱負與理想，彷彿可透過當國會助理而一一實現，

但、很快的我就知道，理想與現實總有很大的落差；很快的我就知道，在掌聲的背後，總有許多不為人知的故事 。

常聽職場專家說：「要做好一份工作，最好要能樂在工作！」政治工作尤其如此，因為挫折處處都有！身為一位助理，可能一上班就接到一堆罵人的電話，而原因只是他看了政論節目後不爽 所以就打來「問候」了。如果不巧老闆正好是節目來賓，那「問候聲」就更激烈了！曾經有一陣子助理們就建議我，休息一段時間不要上Call-in節目，因為選戰實在太激烈，只要一上完Call-in節目後，辦公室大約會有兩天的電話接不完。贊成、反對的人都會打來，以致於助理們都無法辦公了！（這種電話平均都會講個十分鐘以上，我的助理還曾接過講一個多小時的呢）！試想，以

二〇〇四年的總統大選來看，藍、綠正好對半，換言之每兩個人就有一個是跟你意見不同，所以，也就難怪每次上完政論節目後民眾的反應會如此熱情了。

　　因此當個稱職的助理第一課，就是了解你的老闆並忠於老闆！如果你與老闆政治理念不同，那還是趁早換工作或換老闆吧。試想，當你為老闆辯護、宣揚政策理念或拉票輔選時，若與老闆立場一致、理念相同，那你面對不同意見的選民，就會與老闆感同身受、同仇敵愾，若面對贊同意見時，則會雀躍萬分、高興不已。如果不巧你與老闆理念相反，那就有點麻煩了。

　　對此，我曾經聽到不少故事，嚴重的還差點精神分裂。曾有一位「深綠」的助理，為「深藍」的老闆輔選，為了幫老闆拉票，時常言不由衷、身不由己，結果弄得自己精神緊張、價值觀紛亂，最後當老闆又落選時，差點就精神分裂。也曾經聽說有一位「深藍」的助理，為「深綠」的老闆工作，幾次想辭職都為了薪水而留了下來，結果紙包不住火，幾年後老闆知道這位助理竟然私下為理想的候選人輔選，他氣壞了，不但馬上把這位助理解聘，同時又放出風聲說他能力差且吃裡扒外，讓這位助理在立法院差點待不下去。

　　正由於國會助理的工作，很多時候都需要為政策辯護與宣揚政治理念，所以當你覺得無法認同老闆的理念，又溝通無效，同時你也無法改變自己想法時，別猶豫，換

工作的時候到了！還有，辭職時，請記得好聚好散的道理，千萬別批評老闆的理念與做法，畢竟多一個朋友，總比多一個敵人好，況且說不定日後你會需要老闆的推薦信呢。

要樂在工作，除了忠於老闆之外，EQ也是非常重要的。畢竟政治工作也算是服務業，所以，面對不同意見，甚至民眾非理性、情緒的謾罵或恐嚇時，如何調適並且進而爭取選票，就是非常重要的課題了。我常常舉服務業做例子，來勉勵我的助理們。例如百貨公司，幾年前有電梯小姐就算服務很好，民眾趨之若鶩了，哪有什麼卡友來店禮、買千送百、集點回饋雙重送 等等活動，但現在為了衝業績，這些服務只能算是基本配備，有些百貨公司到了週年慶還要化妝遊行、送折價卷、提供免費宅配、免費分期付款 等等服務，來吸引顧客。又如銀行業，以前辦信用卡，手續一大堆，還要財力證明等文件，而現在三天兩頭就會接到詢問你是否要辦卡的電話或信件，而且只要有他行的信用卡就可以快速辦卡，這其中的差別，不可同日而語。而這種差別也反映在政治工作的領域裡，「以客為尊」的商業用語，轉換到政治，就成了「民意至上」、「人民頭家」。

因此，現在的政治工作不再高高在上、宮廷政治，反之要深入基層、與民眾打成一片，與民同樂、與民同悲，所以民眾的事情就是我們的事情，民眾遇到不公，我們代為陳情；民眾有了婚喪喜慶，我們一起關心；民眾對地方建設有需求，我們努力爭取 。總之，就是「民之所欲，常在我心」啦！而助理的工作，就是要協助民眾認識

你的老闆、了解你的老闆、喜歡你的老闆、信賴你的老闆、支持你的老闆！所以做個
稱職的助理，EQ要高，抗壓性要好，這樣碰到反對者時，就算不能為老闆加分，至少
也不會讓老闆扣分。

　　此外，民眾常有一種認知──「一有困難就找民意代表」，換言之，現在的民意代
表，必須是全方位的。諸如教育、考場分配、農漁補償、福利津貼、勞健保、環境污
染、道路建設、社區營造、文化活動、職場問題、外籍新娘　等等，只要民眾有疑
惑，都會來找民意代表，也因此助理的工作內容，往往也隨之不同，所以保持認真、

學習、傾聽、了解的工作態度是很重要的。要記住：「民眾只會找他認識或支持的民意代表，所以服務案件越多，意味著潛在的支持群眾越多。」

　　身為第一線面對群眾的國會助理，如何透過全方位的學習，以便妥善迅速的處理選民服務案件，並適時的報告老闆讓老闆在適當的時機出面，也是一門重要的學問。而我認為關鍵就在於認真！從做中學、從錯中學、從對中學，做對了要精益求精，做錯了要痛定思痛、決不二過。古人云「勤能補拙」這句話還是很有道理的。我想，沒有人天生下來什麼都會、什麼都懂，差別只在於用心、用心、用心！這道理就跟很多人說的「世上沒有醜女人，只有懶女人」一樣。

　　即使身為資深的助理，在處理國會事務時，特別是民眾陳情案件，還是必須要保有「福爾摩斯」或是「李昌鈺博士」的辦案精神。因為陷阱常常出現，只要一不小心，或疏於查證，很可能就會陰溝裡翻船。近年來最著名的例子，就是二○○三年，衛生署代署長涂醒哲的「舔耳案」，讓立法院的模範生李慶安委員，跌了一個大跟斗。其實在立法院這種情形真的不是個案，身為最高民意代表，每個月都會接到許多的陳

情案，只要一不小心，或是為了搶時效，就很容易出錯，我個人也有幾次這樣的經驗。所以我常常跟助理說，民眾的陳情，往往流於片面之詞，所以一定要經過查證，特別是有利害關係時；而媒體的報導有時因為搶時效，所以若要引用，還是必須再經過查證，以免與行政官員進行施政詢答時，官員只要回答一句「媒體報導不實！」就讓委員當場傻眼。又譬如在預算詢答時，若是助理疏忽把小數點看錯，被官員抓包，就會讓慷慨激昂、義正辭嚴的委員當場變成一個笑話！所以外表看來很風光的委員背後，其實有許多默默付出、認真用心的好助理。

但不管如何小心仔細，偶爾還是會有百密一疏的時候，偶爾還是會有時運不濟、運氣超背的時候，那該出來認錯的時候，還是必須勇敢的跳出來承擔。譬如說小數點看錯，以致於讓委員變成笑柄時，就必須跳出來澄

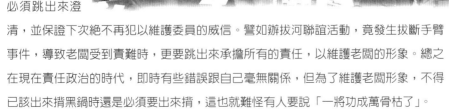

清，並保證下次絕不再犯以維護委員的威信。譬如辦拔河聯誼活動，竟發生拔斷手臂事件，導致老闆受到責難時，更要跳出來承擔所有的責任，以維護老闆的形象。總之在現在責任政治的時代，即時有些錯誤跟自己毫無關係，但為了維護老闆形象，不得已該出來揹黑鍋時還是必須要出來揹，這也就難怪有人要說「一將功成萬骨枯了」。

　　最後要提醒各位朋友的就是「滿遭損，謙受益」。誠如前文所說，連資深助理都有可能因一時疏漏而犯錯，更何況是菜鳥助理呢？所以千萬不要以為自己唸到碩士、博士就非常了不起，畢竟職場跟學校是不一樣的，況且在立法院的許多員工都可能工作十年以上，所以客氣一點總是沒錯的。有幾次我去立法院內的洗髮店洗頭時，曾聽到旁邊不知名的員工跟老闆娘抱怨，被某位不長眼的助理頂撞，下次有機會絕對給他難看，甚至要讓委員知道。所以各位有志從事政治工作的年輕朋友們，請注意：「要給別人下馬威之前，先弄清楚狀況再說，不要為了逞一時之快，而種下日後不必要的困擾。」

　　說真的，民意代表其實是一個相當沒保障的工作，立法委員每三年選一次、縣市長與議員每四年選一次。而以立法院來說，之前幾屆的汰換率大約三分之一，但這一屆的汰換率卻高達二分之一，所以一個不小心，助理可能三年不到就必須要找新老闆了，因此每到立委選舉時，助理都必須要下鄉輔選。

　　而說到輔選，那幾乎是二十四小時待命，政見發表會、選民服務案件、每週記者會、造勢活動、Call-in政論節目、私下拜訪拉票　等等，常常每天早上九點上班，就要忙到晚上十點多才可以下班，而週末還要輪班，好不容易休假，萬一臨時有緊急事故，還必須立刻停止休假趕到競選總部，各式各樣不同的活動與工作

壓力，彷彿要測試人類的極限似的。我常想，三年一次的選舉就好像是聯考一樣，測試你三年來成長了多少，過關就繼續深造，不過關也不意味著你三年都白費，也許是表示你太辛苦，應該要休息一下，再重新出發，這種想法雖然有點阿Q，但我想，看待政治和人生都一樣，有時嚴肅有時也要輕鬆，因為得失之間本來就很難預料，所以只要在當下盡力就好了，只要相信「凡走過必留下痕跡」，只要問心無愧就可以了。不是有句話是這麼說的：「上帝為你關了一扇門，必定為你留一扇窗。」

　　人生有很多種不同的可能，如果你的個性中帶有理想性格，那麼從事政治工作，一定可以讓你的理想得到某種程度的實踐，我們的社會也許會因為你的付出而得到些許的改變。如果你只是一位再平凡不過的人，那從事政治工作，至少可以讓你在短時間內認識人生百態，深刻了解到「一種米果然養百種人」，事實上，我認為在目前台灣的公民社會中，每一個人都應該要對政府的運作有基本的了解。試想，今天如果你買了一張股票，你一定會持續的看盤，以決定何時要賣出，連一張股票你都如此關心了，更何況你每年都繳了這麼多的稅金！當然更應該要關心政府到底是如何花錢、如何運作，而了解與監督政府的最快方法——就是當助理。

第三場......第一棒......阮昭雄
　　　　　　　　　　　搞政治總要有理想性吧！

　　　　　　第二棒......趙天麟
　　　　　　　　　　　市議員身價知（值）多少？

　　　　　　第三棒......王昱婷
　　　　　　　　　　　誘惑隨時都在

　　　　　　第四棒......王欣儀
　　　　　　　　　　　權力春藥要不要

政治初體驗

小助理大學問

第三場
權力春藥要不要

會選不賄選

power

喝咖啡聊是非

搞政治總要有理想性吧！

阮昭雄

韋伯：「政治必須撩撥魔鬼的力量來完成天使的理想」。

我認為：「政治工作是志業、是社會分工進步動力的一部份」

搞政治在「古時候」一不小心可能會惹來殺身之禍，看看「美麗島事件」那些前輩就知曉，「政治」這個東西在以前可是碰不得的，尤其是「反對者」。但是今天台灣已逐漸邁向民主的道路，搞政治工作除了社會形象不是很好之外（看看立法院委員諸公們的民意滿意度就可知曉），倒已經是人生的選項之一了。

「初衷」！做每一件事都有初衷，那個在心中最原始的脈動，像是化學作用般地，催促著我們要去做某一件事。我會作政治，也是有原因的，那個初衷我永遠也不會忘了。每個人都應該在每次單獨一人時，回想一下「初衷」，那往前走的力量就會再度出現，要你繼續向前走，搞政治總要有理想性吧！

會想要「做政治」，我想是從小到大「想太多」，那顆「理想樹」從幼苗開始漸漸

長大，希望可以跟大樹一樣，幫大家遮遮陽、擋擋風。看看這顆政治的「理想樹」他是如何成長的。

小小樹苗

　　不知道從什麼時候開始喜歡運動，小時候身體不是很好，由於車禍的緣故常常流鼻血，於是運動就成了我健身鍛鍊的好方法。小學和大學時我都是柔道校隊，拿過全國個人組的亞軍，曾經也有小小的志願，希望自己可以成為國手，為國爭光拿得奧運金牌。不但從柔道的訓練中練好了身體，更學習了武學的精神，每次的練習我從未缺席，意志力的養成從小開始。作政治工作「意志力」是很重要的，看看阿扁總統、阿輝伯、宋楚瑜這些台面上的人物，意志力的展現使得他們特別有魅力。從此我不但養成了運動的好習慣，連帶著也喜歡看體育節目，不論是少棒、籃球、各項球類，乃至那時只有少少的國外體育節目我都不放過。只是在那舊三台的時代，哪有什麼體育節目可看！台灣就像是一個封閉的小島，不但外界的訊息是封閉的，連體育節目也遭到波及。我那小小的心靈，就一直希望台灣有個電視台可以常常播體育節目的，可以讓我這個體育迷看個過癮。長大後我才知道原來這個就是「體育台」，也就是「有線電視」開放後可以有的選擇。台灣如果早一點有「緯來體育台」、有「ESPN」的話，那我小時的生活一定更加有「色彩」的，台灣遲至近十多年才開放，全都是政治因素。

小小樹木

　　國中時極愛念歷史，對於書本中的歷史人物總有一些憧憬，不管是大漢國威抑或三國風雲，還是清朝傳奇（這可不是線上遊戲），這些在我青澀的年少歲月中，有著清楚的痕跡，這使得我少年的腦袋，全部都是這些「古事」，連各朝代的皇帝年號，我都如數家珍啊！在一次全校的考試中，我的歷史分數全校第一，但是全校卻有半數以上的同學不及格，原因是考的太難了。那時我就想難道「讀歷史有那麼難嗎？為什麼老師不能要比較有趣的方式教學生，又為什麼不能把歷史課本的內容搬上螢幕，用戲劇的方式讓學生可以易懂又有趣」。有沒有一家電視台可以不會為了收視率，製作這些有教育意義的節目，這些

問號一直在我中心浮現，後來我才又知道這就是「公共電視」和「教育改革」。

學習應該是快樂的，在我這個五年級後段班小孩的時代，填鴨式的教育成了我們唯一的選擇，並且又在「新舊教材」交接中，小我一歲的妹妹念了「地球科學」，而我卻沒有。教育改革在當時「只聞樓梯響、不見人下來」，大家都在凝凝的等，有時想想何時才是改變的時候呢？

這一次的悸動跟「電視」又有了關係，從小我就愛看電視，如果台灣早一點有「公共電視」、早一點有「DISCOVERY」等等知識頻道，或許在我那慘綠少年的時代，我會學得更多、知道更多，並且更可以確定一定會更快樂多！

小樹長大茁壯中

重考的那一段日子裡，天天到南陽街報到，路上常有老人家在賣口香糖，那種情景讓我的心情常常是「糾結在一起」，望著老人家的背景，總覺得政府在搞什麼啊？書本不是跟我們說「老有所養」嗎？但是這些老人卻必須要日曬雨林才能顧飽自己的肚子啊！於是我下了公車後就會固定跟一位老太太買口香糖，希望我的一點點「小小力

量」可以幫助他，讓他的生活可以好過一點。但日子久了，我開始問自己：「每天這樣買條口香糖，真的對她生活有幫助嗎？」這樣的問號一直在我心裡，或許應該有更好、更快的方法可以幫助他吧！

後來我才又知道這就是「社會福利」，也唯有透過社會福利的資源才能給更多老人有尊嚴的生活。 我是一個「貪心」的人，我希望透過「教育改革」，我們的下一代可以快樂學 習，我希望從事「媒體改造」，讓我們擁有乾淨、有意義的媒體天空，我希望台灣可以是一個「福利國家」，讓小時候念的「世界大同」可以有實現的一天。

或許我可以當「社工」來幫助老人家，或許我可以當「老師」希望我的學生將來可以推動這些工作。但是我是一個「貪心」的人，我希望這些「社會進步」的願望可以早些達成，也希望社會也會因為我一點點的努力而有不同的風景，這種無可救藥的樂觀，讓我一直認為只要我們付出一些心力，社會就會進步，民眾的生活就會有所改善。我可不想在看著老人家的背影時，只能鼻酸任由心裡難過，但卻絲毫無能為力，我要社會可以改變。

人生的光陰不過數十寒暑，每一個要留在人世間的東西或許各有不同，有人擁有億萬財富，留給子孫發揚光大，為社會創造更多就業人口，這也是良善之事。有人傳播福音、傳播道理，讓世人心靈有所依歸，所有歸屬，這何嘗不也更是良善之事。作政治工作也是如此，看到一條馬路因為我們的一絲絲努力，通過預算而修好，好讓爸爸們可以更早一點回家吃晚飯；看到陳情案件的處理完成，

陳情人一家子,露出一絲絲的笑容。對我而言,那是一種滿足,更是一種入世的修行。

　　政治工作一個高風險、高消耗的「工作」,通常我很少稱他為一份「工作」,因為它並不只是一份讓人「餬口」的職業,它應該有更高的「價值」來「誘使」人們參與。記得小時候父親買的黨外雜誌和書籍,記得當年的野百合學運,要「萬年國代立委」下台,那時的「革命」情懷,一直一直在我小小的心靈留下深刻記痕,看看這些台灣政治的進步往往都只是一瞬間的過程,政治工作是可以讓社會進步「最快」的手段,於是!我決定幹了!

　　在猶豫傍徨的時候,到心裡的「理想樹」下逛逛走走、坐坐想想,會再給自己一股清新的力量。

不過要搞政治的你,除了堅持理想性之外,更要有以下的認知喔!

愛錢的不要來搞政治

政治跟「錢」的關係特別敏感,看看每一場大選,每每與金錢扯上關係都會「沒完沒了」,加上台灣「陽光法案」等相關法令都還未完備,使得「政商」關係就特別引人注目。擁有權力的人,需要特別的道德標準來監督,不然「權力的傲慢」將會逐漸腐蝕人心。

但是在現今的選舉的狀況,沒個幾毛錢是無法成事的,所以募款就成我們這些小毛頭想要選舉的瓶頸,募款的方式和功力我們將在另外篇幅說明。但是既然無法避免募款,並且已是民主政治的常態,那要如何拿捏與贊助者之間的關係就成了一門學問。看看二〇〇四年總統大選,陳由豪大爆他捐款給阿扁總統的事件,對當時選戰而

言也成了重要話題之一，可見「募款」可要特別小心喔！其實光明正大透明地接受捐款這些都沒問題。最怕地就是你很愛錢有要搞政治，那樣子的話難保募個款不會「貪得無厭」，而走向那金錢誘惑的無底深淵。所以囉！愛錢的就是好好賺錢，千萬不要來搞政治。

使命感

做政治是要有使命感的，不然在這權力的角力場中，每一次的鬥爭，都會使人逐漸少了「人味」，在這個醬缸中，都覺得自己臭了，如果有一天連自己都不喜歡自己，都不知道自己「為何而戰」、「為何而作」時，那就是人生的悲哀了。

支撐自己（至少是我自己）做政治的動能，「使命感」是一種無可取代的「燃料」，要不時地添加「燃料」，「政治路」走起來才會比較快樂些，你的後輩也才會尊敬你，這樣「玩」政治才有點意思吧！

政治路上好修行

紅塵俗事中，處處都是修行的好所在，一

舉一動或是不舉也不動，這些都充滿禪意，在紛紛擾擾的政治事務中，更是人生入世的好修行。政治的紛紛擾擾，有時是檢驗一個人重要的關鍵時刻，要如何沈住氣，堅持理想，有時在天使與魔鬼的拔河中拉扯，這是一個嚴肅的考驗。

在民眾的陳情案或是公共建設，或許對我們而言是一件小事，但是或許是人家一家子的事，是他們可能可以避免餐風露宿或是有關身家財產的大事。

不要覺得在政治的公共事務上，有些事情看起來不起眼，不要覺得陳情人很煩（有時他們真的是很煩），這件事對他們而言一定很重要，不然他幹麻煩你啊！將他處理圓滿，也是功德一件啊！對我們青年人而言這更是一項重要的社會大學學分，社會的多重面向將如海浪般湧來，你將發現社會真正的「真實面」。

政治海

芸芸眾生中，搞政治的人何其多，有人滿

腔熱血一股腦兒投入，有人矇矇懂懂地成了政治人物，但不管是什麼原因，唯一可以確定是過程中有太多人「陣亡」了。在這浮浮沈沈的「政治海」中，有時得靠一條浮木來維持生存，就算幸運地靠了一艘「大戰艦」，但是何時被擊沈可沒個準啊！

　　所以要有這樣的認知，才能有所進退。在這個「政治海」中，得要隨時充實「泳技」才行啊！

隨時鼓勵自己

　　隨時鼓勵自己，要知道這是一個高風險、高耗損的工作，給自己多一點鼓勵，隨時給自己加油加油吧！

市議員身價知（值）多少？
做一個「物超所值」的民意代表

趙天麟

　　「妳這隻GUCCI的包包多少錢啊？要兩萬喔？我看看，糟糕，妳買貴了，這是別人用過的二手貨，妳看包包上面還有脫線的瑕疵呢？」在資本主義的社會，每項物品都有「價格」，但在價格以外，每位消費者心中還會評估這項物品在心目中的「價值」。

　　「民意代表」也是一種「貨品」，消費者是公民，公民透過選票選擇商品，同時也藉著「繳稅」行為，實質供養著這些所費不貲的「公僕」。您知道您所選出來的民意代表拿了多少票當選，他（她）從國家獲得的薪資又是多少？他（她）們在您心中究竟是「物超所值」，還是「名不符實」？

　　台灣是一個法治的民主社會，各級民代的職權及薪給都明確地規範在相關法令之中，本章就讓我們解開市議員的神秘面紗，一方面瞭解我們的納稅錢有多少進了民代的口袋，另一方面也檢驗民代是否肩負起應有責任。

市議員的身價

　　在瞭解市議員的身價前，讓我們先從法令上瞭解市議員應盡的責任。

根據《地方制度法》第三十五條，直轄市議會的職權如下：

一、 議決直轄市法規。

二、 議決直轄市預算。

三、 議決直轄市特別稅課、臨時稅課及附加稅課。

四、　議決直轄市財產之處分。

五、　議決直轄市政府組織自治條例及所屬事業機構組織自治條例。

六、　議決直轄市政府提案事項。

七、　審議直轄市預算之審核報告。

八、　議決直轄市議員提案事項。

九、　接受人民請願。

十、 其他依法律賦予之職權。

由此可知，直轄市議員針對法規、預算、財產、法案及人民請願等事項，具有議決、審議的權力。換言之，每年數千億元的預算及攸關市民生活甚鉅的法案，都必須經由民意機關監督，以達到民主政治裡府會相互監督制衡的原理原則。這也成為評斷市議員是否夠格的「法定標準」。

了解法定職權後，市議員的「法定身價」又是如何，請看：

根據《地方民意代表費用支給及村里長事務補助費補助條例》（簡稱《民代支給條例》），直轄市議員支領項目如下：

1. 研究費：NT.119,295

2. 助理費：NT.240,000

3. 郵電文具費：NT.20,000

4. 開會期間每日出席相關費用：NT.2,450

每個月議員的「合法薪水」就是研究費的那近十二萬元，這是比照市府一級首長的規模來設定，至於二十四萬元的助理費及二萬元的文具費，「理論上」不是議員薪給，只不過如果議員沒有聘請足夠的法定六位助理，助理費就可能變相成為議員們的私房錢了。

至於出席費的部分，一年有兩個會期，平均一個會期開會七十天，一年開會一百四十天，一年最多可以召開八次臨時會，一次十天，共八十天。出席費（包括出席、交通、膳食等費用）乘上實際有出席的日期，就是議員另一項合法的收入。

市議員每年另有編列健康檢查、保險、出國考察及年終獎金等預算，但都是實報實銷，屬於福利項目。

　　這樣的薪給水準，以台灣平均國民所得來說算是中上水準，但前提是完全依法領取，沒有藏私房錢，甚至是違法收取回扣、包工程等情事。但因為議員多必須在議會之外另行成立「服務處」，加上婚喪喜慶的紅白包、喬遷、節慶或民間社團活動的花圈、花籃、補助等，扣除這些費用後的「可支配所得」實在有限，算是收入多，卻也支出多的「身價」。

　　職權也說明了，薪給也大公開，各位讀者，您所選出來的議員，是「物超所值」，是「名符其實」，還是「一點也不值」？

冰冷法案的火熱效應

「法案」，一般市民聽到這兩個字，不是感到艱澀不已，就是覺得事不關己。結果法案對市議員來說變成冷門議題，議員主動研究法案並提出的少之又少，就算是面對市府提案，也不太關心，因為議員們的目標市場（選民）並不在意。

可是冰冷的法案卻會對城市帶來超火熱的效應。高雄市現在全國有名的「城市光廊」、「愛河遊船」，以及身心障礙者家庭關切的課後照顧問題，都跟法案息息相關，讓我詳細跟您說明。

城市光廊

城市光廊位於高雄市中央公園旁的人行道及部分園地，以前是陰暗圍牆及許多流浪漢聚集的場所，二〇〇〇年在林熹俊設計師的號召下，多位學者及藝術家得到市府同意，以「辦活動」名義拆除圍牆，引進現代藝術的燈光及街道傢俱，再加上咖啡、美食，城市光廊一揭幕就吸引市民目光，迅速成為市民最愛去處。

問題來了，「辦活動」不是根本解決之道，半年為期的期限一到，城市光廊就得拆除「恢復公園原貌」，因為這是舊法令的規定。可是原貌比現貌差太多，市民要的是城市光廊，不是要冰冷的「中山體育場」（中央公園的「學名」），那該怎麼辦？

所幸市府以極大魄力立即提出《高雄市公園管理自治條例》，在第十二條增列「公園或公園內各項設施得由個人、法人、機關（構）、團體認養或委託經營管理。」讓美景、咖啡與音樂得以持續，又因為可以委託私人經營，避免市府增加過多經營與

莊其昌　攝影

人事成本。

這項條例通過後，高雄市彷彿大鬆綁一般，中央公園馬上進行城市光廊第二期工程，文化中心、愛河、哈瑪星通通跟進，從市中心、河川到海港都脫胎換骨，成為今日全國讀者共同認識的美麗新高雄。小條例大關鍵，城市光廊是代表性的一例。

暢遊愛河乘坐愛之船

愛河昔日因工業與家庭廢水污染而惡臭，在市府大力鋪建污水下水道及提高截污率後，愛河於二○○三年正式全面通水，奇蹟似的成為親水及魚群最佳空間。前面講到的公園管理鬆綁後，愛河兩岸都委託專業人士經營，成績斐然，但是如果要能像法國塞納河一樣遊船，相關法令仍付之闕如。

因此高雄市政府推出《高雄市內河交通管理自治條例》，在第六條明定：「在內河從事客貨運運輸事務，得由本府經營，或由主管機關受理民間業者申請投資經營。」經過議會通過後，市府取得經營權，交通局也成為民間申請經營的主管機關，二○○

四年農曆春節成功試航的「愛之船」，即將能在愛河正式營運。

歡迎您來高雄搭乘愛之船，您還可以向同行的人分享這個立法過程，大家一定會很敬佩您的專業。

讓身心障礙學生獲得政府更多照顧

您有沒有想過，一位身心障礙學生的家長，在每天下午四點下課鈴聲響起時，就是痛苦與麻煩的開始。

學校（尤其是國小）四點就下課了，那時多數的雙薪家庭或單親家庭家長還在上班，學生不是留在學校接受課後照顧，就是去安親班，甚至父母必須丟下工作把小孩帶回家。

但是身心障礙的小朋友由於行動及表達的不便，如果沒有專業師資教育，在學校通常無法受到良好照顧；就算想去民間安親班，也往往受到排擠，甚至是直接拒絕其報名。根據心路基金會的研究，有高達六成的家長會因此放棄工作來照顧小孩，但經濟也因此雪上加霜。

所以我就與心路合作，透過召開公聽會與議會質詢，要求市府在相關法規上放寬。一方面在學校內每達到一定數額的身心障礙學生，就可以多聘請一名專業教師照顧，另一方面要求社政單位輔導民間社團或安親班，讓特殊學生的課後安親部分能真正落實。

雖然在截稿前最後結果尚未出爐，但市府已承諾將修改《高雄市國小暨特殊學校辦理身心障礙學生課後照顧實施要點》，朝向我們主張的方向來做，目前只剩具體數額

的細節還在努力。

　　或許當您在閱讀這篇文章時，理想已經成就，更多的家庭也獲得應有的照顧。

　　以上三項法案及其影響，只是冰山一角，當我們要評估選出來的民代「值」多少時，千萬別忘了，對法案的關心與專業能力，是其中不可或缺的關鍵喔！

球迷小心願、城市大改變

　　我是一個棒球迷，從學生時代如此，到現在當選市議員還是如此。不同的是，我

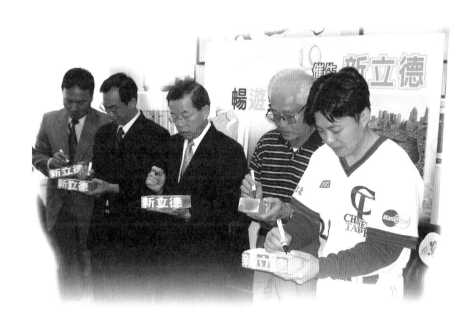

可以「不只是球迷」，能夠運用職權，身體力行地實踐以往只能在電視機前面發想的白日夢。

我是念完大學才來到高雄服務，過去二十多年都在台北看球賽。從環亞對面的市立棒球場，到現在碩大的新莊與新穎的天母球場，台北看棒球賽，從來就不曾是嚴重的問題。

但在我參選議員前，許多年輕的高雄棒球迷跟我訴說高雄市立德棒球場問題很多，一方面場地太小不符合國際及職棒標準，另一方面過於老舊，從看台到球於休息室都破落不堪，導致從二〇〇三年起高雄市已經連續兩年沒有任何一場職棒賽在立德開打。

我就在競選公報的政見欄將「改建立德棒球場」列為十項政見之一，當選後更從第一次質詢謝市長開始，持續追蹤這項體育建設。

雖然高雄縣有澄清湖球場，但是從大台北地區的例子來看，新莊與天母球場不僅不會互斥，反而共存共榮，爭取到百場職棒賽在台北舉行，反之僅有澄清湖的大高雄地區，並沒有因為單一球場存在而球賽增加，卻因為球場少而球賽只有台北的一半。

由於我的堅持，謝市長及教育局遂開始積極辦理整建的研究工作，市府委託樹德科大進行評估，我及我的助理群也持續與職棒聯盟、地方棒球人士積極聯繫，一年後的再次質詢，在職棒聯盟秘書長李文彬、奧運棒球總教練徐生明、La New高熊隊教練洪一中與地方棒球大老的見證下，謝市長正式承諾將「重建立德棒球場」。

誘惑隨時都在

王昱婷

　　如果你還以為當個民意代表就有了特權，辦起事來橫行無阻，走起路來呼風喚雨，那麼我必須告訴你：「別傻了！去演齣戲，當一位封建時代的皇帝可能會比較快。」

　　別忘了，現在的台灣可是廿一世紀的法治國家，一切都有法律規範，天子犯法與庶民同罪，如果身為公眾人物的民意代表犯了法，那下場更慘，因為除了法律上的刑罰外，往往還會加上社會無形的道德譴責。

　　事實上，在現在的台灣社會，要做一位稱職的民意代表是很辛苦的，有時一些小小的禮遇就會被莫名奇妙的放大，以致於承受許多不必要的困擾。我還記得五年多前，有一次我隨立法院的同仁，一起到日本三天二夜，拜訪國會議員以拓展國會外交與台日的關係，在回國的機場接受禮遇通關時，有某位委員正好被鄉親認了出來，沒想到這位鄉親竟然當場就大聲說「哇！你看當委員就是不一樣，又快

又方便，哪像我們這些小老百姓」，導致在場的其它委員有點尷尬，幸好旁邊的鄉親幫忙解圍說道：「這也沒什麼啊！因為國會議員代表人民，所以他們去外國也都是這樣啊！你也不要少見多怪了。」不過，自此之後，只要遇到是自己出國時，一定不會通知駐外單位，以免因禮遇通關，而增加不必要的困擾。

　　相同的經驗其實有很多，我再舉一個親身經驗與大家分享。五年前剛當選立委時，星期一到星期五，幾乎每天都得坐飛機來回台北、台南，有時比較早到機場，我就會在候機室看公文，由於常常被鄉親認出或遇到熟識的人，必需因打招呼而打斷，所以有一陣子，航警會幫忙開公務貴賓室，讓我在裡面不受打擾的看公文。但沒多久

這項禮遇我就拒絕了，因為有幾次被鄉親問說：「為什麼你要進貴賓室，外面候機室不好嗎？」而這個問題實在太難委婉的回答了，所以日後除了立法院委員會公務考察外，乾脆就不去公務貴賓室了。試想，當你閱讀公文

沒幾分鐘，就碰到熱情民眾跟你打招呼，請問你是不是要把手邊的公文放下，先跟民眾寒暄幾句後再看公文，沒多久又巧遇熟識的朋友搭機，是不是又要把手邊的公文放下，先聊幾句後再看公文，這種狀況重複幾次，即使你提早半個小時到機場也看不完一份公文，但反過來如果你都不跟人家打招呼，那很可能就會有誤會產生，例如：目中無人、自以為了不起、驕傲……等等，所以不得已的情況之下才進了公務貴賓室，一個人安靜地看公文。

其實現在的台灣是個法治社會，民意代表要違法亂紀、特權橫行，我不敢說完全沒有，也許少數執政當權者就有這樣的行為，但只要政黨一輪替，這種行為都會被揭漏，並得到譴責與抵制，再加上如今媒體發達、民智已開，所以如今民意代表素質與水準，已經比之前有了長足的進步，當然，不好要改好、好還要更好，而進步的動力就在選民的選票上！

但民意代表的工作內容，就是藉由施政質詢、立法修法與預算同意權的行使，來代表人民監督政府、反映民意，雖然整體的制度設計，較有利於行政院，不過藉由質詢與預算，民意代表的建議與要求，在相當程度上，對行政機關還是有壓力的，而這種建議與要求如果為「公」，那就是造福鄉里；如果是為「私」，那就為「財」喉舌。在立法院，前者固然是有，後者的狀況倒也不少。

我記得有一次在地方跑攤時，莫名接到一通記者電話，記者問我說「委員你一個月前在審預算時，有連署一個案子，現在民航局的官員傳出被委員施壓，要求要多花兩千多萬買設備，請問這是真的嗎？」當下我丈二金剛摸不著頭腦，只好說「最近這一個月，我除了立法院開會外就是回地方服務，所以我並不清楚你問的這件事，請你十分鐘後再打來，我先了解一下狀況好嗎？」掛電話後我馬上聯絡助理與民航局，才

知道當時在審預算時，某位委員提案要求「鑑於民航局各航站所裝置之避雷設備效果不彰，雖一再改善，仍常有雷擊情事發生，造成助導航及通訊設備損壞，嚴重影響飛機的飛航安全，並進而危及乘客的生命財產安全。而維護人員的心態，更成為飛安事件中的危險因子，故為保障乘客的生命財產安全，民航局人員如因雷擊造成設備損傷，導致重大飛安災害事故，應由主管部門給予直接責任人行政處分；構成犯罪的，依法追究刑事責任。並應由九十二年度起，編列預算，應引進國外先進『消雷技術』，來維持設備的正常運作，保障飛航安全。」

　　此案就文字來看立意良好，為民眾行的安全把關。它要求主管單位勇於任事、積極負責，而且主管人員若因疏失導致事故發生，原本就要依法究責，所以當時照案通過，很多委員也都有連署同意。哪知不到一個月，媒體暴料說，提案委員拿著這個案子，明示民航局要去買他指定的設備，以致傳出弊案。當然這個案子在

媒體報導後，提案委員就不了了之，只是我們這些連署的委員，莫名其妙沾了滿身腥。

　　只是大家不妨想一想，立法院現在有兩百二十五位立法委員，每位委員都有若干名助理，以最保守來估計，如果每位委員每個禮拜提一個法案或決議案，那每個禮拜就有兩百二十五個案子等委員連署，平均下來一天就有四十五個案子等著委員來連署。再加上時間有限（不快決定，每天都會有新的案子進來）、人力有限（助理的編制有限）、能力有限（立法院並沒有調查權）的狀況之下，只能從經驗法則與提案的文字內容，去判斷有無利害問題，根本很難去追根究柢。所以有些時候傳出一些弊案，往往只有帶頭的少數委員了解內情，其他的委員或是由於同儕的人情壓力，或是由於提案文字很正當，而被不知情的利用了。也許有人會說，那乾脆都不要連署好了。只是如此一來，若因為連署人數不足，而耽誤了地方建設與民生法案，豈不因噎廢食、因小而失大嗎？我想水能載舟亦能覆舟，民意代表的權利用得好，可以造福百姓，用得不好，也可以禍延子孫。所以要做一位稱職的民意代表真的不容易，連署與不連署、做與不做

之間，真是難為啊！

　　也有許多民眾認為，民意代表就是有錢人的同義詞，所以辦活動缺錢找民意代表、慈善義賣找民意代表來捧場　其實除了「商而富則仕」或「學而富則仕」等模式之外，專業問政的委員其實財政都蠻拮据的，往往薪水左手來右手就出去了，我認識好幾個民意代表就常常跑三點半的。說真的，在民意代表光鮮亮麗的外表之下，經濟壓力都蠻大的，以我來說，每一年的紅白帖、廟會等行程至少五千張以上，碰到好日子的時候，光是花圈的費用就要十幾萬元，一年下來光是這種日常的應酬往來就要幾百萬元才夠，薪水幾乎都花光了，所以我服務處的「家訓」除了「民意至上、以客為尊，誠信待人、熱情服務」外，就是「勤儉持家，當用則用，能省則省。」長期下來，助理的比價功夫一級棒，有一次傳真機壞掉後為了買一台新的，竟然比價了近一個月後才買，當然價格最後省了快兩千元，厲害吧！

　　專業的民意代表，說穿了就跟公務員一樣，領的是死薪水，除了靠祖產或另外兼差賺錢外，在收入有限的狀況下，實在很難百分百滿足民眾的期待。我看過很多的民意代表，因為不好意思說沒錢，所以打腫臉充胖子，這也送禮，那也捐贈；紅包要包，白包更要包，三、四年下來，花的比賺的還要多，雖然搏得「做人海派」的美名，但往往因此債台高築，為了賺錢想盡辦法，最後只要一落選，不是去拼經濟就是跑路。唉！天下沒有白吃的午餐。又要馬兒好，又要馬兒不吃草，天公伯也難做啊！因此，我認為要擔任一位民意代表之前，一定要先懂得Say「 No！」的藝術。

　　有人說權力像春藥，不用會心癢，用了會上癮，癮頭重了就藥石罔效；也有人說政治是條不歸路，一但踏上了，再回頭已是百年身。的確，誘惑隨時都在！也許簽些法案、做些動作就可以讓民意代表「賺錢像喝水一樣」，短時間神不知鬼不覺地快速進帳數百萬，但紙包不住火、蛋殼再密也有縫。一段時間後，圈內人都會知道你已經「進階」了，日後看到你第一個印象就是「××元委員」、「丐幫立委」。

　　而且，這種例子看多了之後，你會發現有一種共通的現象，因為錢來得快，所以去的也快；因為賺錢不難，所以花錢隨便，錢不夠用後，往往就會「有一就有二，無三不成禮」，到最後聲名遠播，也就距離落選不遠了，而落選後不是拼經濟就是跑法院，再加上「由簡入奢易，由奢入簡難」的道理，因此落選後的生活大都不很愜意。所以有人說上臺靠機會，下臺靠智慧，而在臺上要惜福！

　　誘惑隨時都在！在誘惑面前，讓心單純一點，神經放粗一些，眼光看長遠，理想擺中間，其實要抗拒誘惑也不難！而且換個角度想，也可以藉這些機會更了解自己與人生百態，不也是種難得的經驗嗎？

水能載舟、亦能覆舟　　　　王欣儀

　　權力是實踐理想的手段，但也是迷倒眾生的春藥、自我沉醉的迷幻藥，更是摧毀人性的毒藥。許許多多的人終其一生，汲汲於名利的追求，而名利隱藏的背後，卻是一種自我權力的支配，無論是自我意識家居的小事一樁，或是動見觀瞻的職位權力分配，在在都牽動著人類對於權力的嚮往與欲望，而國內許多的政治人物，更是中毒已深、藥石罔效的最佳寫照。在此就舉幾個國內的政治人物，因身陷權力追求的泥淖而無法自拔的例子，與大家一起分享。

被權力欲望矇蔽了理智方向的寶島歌王

　　說起葉啟田，對大多數的四、五、六年級生而言，應該都不陌生，不管是內山姑娘、浪子的心情、男性的本領，或是目前KTV點歌率仍然很高的愛拼才會贏，都讓大家對寶島歌王的歌聲難以忘懷。也因為多年來靠著出唱片與登台作秀，讓他賺進了大把大把的銀子。但志得意滿的葉啟田，不但唱而優則製，更進而唱而優則政。第一次挾著高知名度，在台北縣參選就順利當選。但是當選立委，卻沒為他帶來一帆風順的幸福，反倒是為他累積更多的負債。立委選舉不但讓他投入所有的積蓄，更欠下了一大堆的債務。就任後每個月辦公室及服務處的薪水就高達一百一十萬，再加上辦公室每個月超過五十萬的開銷，立委的薪資及助理補助費根本無法應付他龐大的開銷，讓他的負債與日俱增、舉債度日。而高知名度卻不敵選民喜好的新鮮度，縱使選前使出夫妻遊街跪票、邊唱邊哭的戲碼，仍然無力回天，連任選戰慘遭滑鐵盧，最後更與妻子

劉嘉芬以離婚收場，而自己還得背負龐大的選舉債務，淪落到夜市去賣自己歌唱的CD。從一個人人爭見的明星，到眾所矚目、為民喉舌的立委，最後卻為高額債務而必須到處走唱賺錢以償還債務，此情此景，又怎不令人有唏噓之嘆？但若果人生可以重來，我們的寶島歌王還會參選嗎？我的答案當然是肯定的，因為性格決定命運，沒有多少人可以抗拒權力的誘惑，當年代表無黨籍聯盟與連戰、宋楚瑜、謝長廷等人一起參與政黨合作、搶救經濟的場景，我想恐怕只能當作他將來對後代子孫的絮絮叨叨吧！

以政而控經、經而維政的末代省議長

在板橋講到海山幫劉家，真是無人不知、無人不曉，尤其是掌門人劉順天的大兒子劉炳偉更是全國知名的政治人物。劉炳偉為人四海、豪氣萬丈，甚至帶了一些江湖大哥的霸氣，交遊極為廣闊，三教九流的朋友很多，所以不管在黑、白兩道都很吃得開。海山幫跨足金融、地產、醫院、有線電視，並參與上市公

司達永興的經營。為了確保家族的利益、持續家族的影響力，海山幫也不可免俗的，由劉炳偉代表家族來參與政治。劉炳偉運用海山幫的地方實力，以及個人平時對朋友義氣相挺所累積的人脈，順利連任了幾屆的省議員及省議會副議長，並當選了廢省前的末代省議長，最後也轉換跑道成功當上了立法委員。但政治的一帆風順是否就保證企業經營的獲利？答案當然是否定的。從省議長轉戰立委成功，甚至放出消息要問鼎立法院副院長的同時，卻因為長期的政治支出、企業投資的失利、股票投資的錯誤、信用過度的擴張，以及個人夜夜千金的揮霍，終於使得他的財務狀況出現了問題，也因為劉炳偉被歸類宋系人馬的色彩，讓當時到處做散財童子的劉泰英「泰公」，對劉炳偉的達永興竟然沒有伸出援手，理由是極為冠冕堂皇的「達永興不具投資價值」，但是試問當時「泰公」所救過的企業中，哪一個有投資的價值？達永興現在改名為名軒企業，經營狀況比上不足，比下有餘，反觀「泰公」所救過的企業中，還有幾家現在還存在？真正的問題在哪裡呢？「沒錯！問題當然在政治」。劉家既然如此的相信政治凌駕經濟，焉能不知水能載舟，亦

能覆舟的道理？長期的權力獲得，使得劉炳偉志得意滿，不可一世，造成他無論在政治、企業經營、投資理財，甚至為人處世方面，都失了準頭、沒了方向，如此焉能不敗？從以往在台北縣喊水會結凍，連打個撞球一桿賭資都超過五十萬元的風光闊綽，到最後竟落得滿身債務、催債連連；一旦債務人要債要急了，他竟然也會擺出一付我就是沒錢，要不然你要怎樣的無賴手法，完全看不出以往的豪氣干雲與意氣風發。唉！這應該就是人盲目追求權力的下場吧！

高雄朱家的興衰起落

　　話題轉到台灣南部的首善都市——高雄市，在舊有的國民黨地方勢力中，除了陳
田錨、王玉雲家族之外，就屬朱安雄的家族最具實力了。朱安雄七二年在眾多朱家新

生代中並不突出，但是在甜美又活潑的妻子吳德美辛苦輔選之下，第一次違紀參選就當選高雄市議員。連任兩屆後，順勢把棒子交給妻子吳德美，自己則改選監察委員，而且一當就當了十二年。吳德美的長袖善舞，比起夫君朱安雄不遑多讓，從一個賣藥的「廣播西施」晉身為中央民代，並且連任了四屆的立法委員，在國民黨中央黨部以及立法院的活躍程度，放眼當時政壇恐怕無人能及。

　　而政途的順利與權力的獲得，讓這對政壇的「金童玉女」在財富的累積方面，更是所向披靡。從八三年大力吸金創立安鋒鋼鐵及峰安金屬，一直到九一年間的高峰期，公司的總資產超過兩千億，在短短幾年間能累積如此龐大的財產的秘訣，簡單而言，其實就是「以錢養權，以權換錢，人脈變錢脈，股票變鈔票」的五鬼搬運法。

權力有多好用？一九九一年間峰安金屬的上市案，就是一個運用特權淋漓盡致的好案例。當時峰安金屬的上市審核，因為財務報表的編纂有問題，以及上市資格方面有爭議，證管會在第一時間並不同意，將申請案退回。吳德美不但以立法院財政委員會召委的身分前往關心，「御史大夫」朱安雄還行使起監委的調查權，親赴證管會把當時的副主委陳樹，當面訓斥了一個多小時。九二年三月證交所重審峰安金屬上市案退件，當時的朱監委，更是把證交所的總經理林孝達叫到監察院痛罵一頓，將特權發揮的淋漓盡致。結果如何呢？峰安金屬的上市案果然申復過關，這也就無怪乎，為什麼國內會有這麼多人，前仆後繼的往民意代表的路上走，所為何來？不外乎錢、權罷了！

夜路走多了總會碰到鬼，朱氏夫妻以政控商的操作手法，雖然讓他們政商兩得意，但最後也讓朱安雄被控掏空自己的企業數百億，甚至失去了議長寶座，淪為十惡不赦的通緝犯，過街老鼠人人喊打。朱安雄從呼風喚雨到跑路狗熊的戲劇性境遇，不但代表港都的家族派系政治生態正式走入歷史，也印證了我前面所說的，「水能載舟，亦能覆舟」的道理。

權力的春藥要不要？平心而論，鮮少會有人不要的。雖然在權力的追逐過程是如此的艱辛，且少見民意代表在落選失去權力後，還能順心如意的過日子，但不斷仍有後進前仆後繼，蜂擁而上，這股追求權力的浪潮從未止歇過。但是權力真是有如砒霜一般的毒藥嗎？當然不是，本文開門見山的第一句話，就是「權力是實踐理想的手

段」，如果把權力交給一個，真正想為我們國家、人民做事的政治人物手中，權力就不再是特權的代名詞，而是一種影響力的展現。這時候對我們人民而言，當然是一種責任的交付，而對政治人物而言，則是一種義務與使命。不管是民意代表、政黨人物，甚或是政府高官，如果真能不為一己之私，真正為國家、為人民而行使權力，那麼將是我百姓之福，國家之幸。

第四場......

政治初體驗

小助理大學問

權力春藥要不要

第四場

會選不賄選

喝咖啡聊是非

好厲害的紅螞蟻   趙天麟

賄選與搖頭丸

賄選就好像吃搖頭丸，吃了只能獲得短暫的興奮，還會給身心帶來嚴重傷害，但只要吃上癮，就會一試再試，難以自拔。

「賄選」顧名思義就是「賄賂選民」的意思，賄選的候選人利用金錢（或有價財物）而非理念或政見，換取選民的選票，達到當選的目的。賄選通常不是由候選人親自一一去買成千上萬張的選票，而是透過地方上許多樁腳來買；候選人籌錢給樁腳，樁腳賺取一定成數的「佣金」，再將剩餘金錢去向可能接受賄選的民眾買票，並承諾開出一定票數讓候選人當選。

賄選等同於吸毒的原理就在這裡，因為樁腳及賣票的民眾不是認同候選人，而是他（她）們的錢，所以下次競選時如果候選人「改邪歸正」不願再買票，也就甭想這些樁腳會為這些候選人賣力了，結果賄選的政治人物不是愈陷愈深，就是會被選民淘汰掉。

吸毒的邏輯也適用於賣票的選民。民眾為了貪小便宜，將神聖選票以五百元、一千元代價「賣掉」，導致民意殿堂或政府機關不是「選賢與能」，而是選「錢」與能，這些政客當選後必然「想空想縫」把錢撈回來，錯誤政策或在選民服務案件收受紅包，直接受害的還是選民自己。

那如果不賄選，光靠理想與熱情的年輕人又該如何「會選」？請看下一段。

紅螞蟻傳奇

「理想＋創意＋熱情」是我認為新一代政治人物的勝選方程式，讓我用我在二〇〇二年第一次參選市議員時「好厲害ㄟ紅螞蟻」的成功創意為例，向各位讀者說明。

「螞蟻」是台灣團結聯盟的吉祥物，它象徵我們雖然不是一個大黨，但卻是站在台灣這塊土地上勤奮、團結的政黨。它是由文宣部年輕又極富創意的伙伴們所創造，在台聯中央到地方公職及支持者間頗受歡迎。

我參選那年的某一天，在朋友寄給我的E-mail上看到了球鞋的廣告，標題是：「您有看過鞋子車在路上跑嗎？」打開一看，讓我驚奇不已，竟然有一台像車子般大小的「球鞋」，行駛在車陣中，那種視覺的強烈感受令我印象深刻。

我馬上把腦筋動到螞蟻上，我找來高雄燈會花燈車的設計師，同時也是我的好友莊其昌先生，把構想告訴他，希望能把平面的螞蟻圖騰，設計出立體的作品。莊大哥也感到很新鮮，因為沒有人把選舉宣傳車這樣搞過。

　　剛開始他傳來的設計圖很「寫實」，沒想到寫實的立體螞蟻看起來好「恐怖」，絲毫沒有可愛的感覺，我請莊大哥再往Q版（可愛版）的方向設計，要是能讓小朋友看了很開心的那種。

　　專業的莊大哥抓準了方向，把有稜有角的螞蟻變成圓滾滾的螞蟻寶寶，加上觸鬚及腳部都會發亮，胖胖的螞蟻屁股還有大大的燈箱，光從設計圖上看就令人

喜歡！設計圖定案後莊大哥還請出他的師父，將設計圖建造成實體，從施工到完成的那半個月，好令人期待啊！

完工的那一天終於來臨，當螞蟻車開到服務處門口的那一刻，我與助理群驚呼不已，實在是太、太、太可愛了。

　　咖啡色車身的螞蟻車一開始上路宣傳就效果十足，每一台經過螞蟻車的轎車與機車都對它行注目禮，尤其是小朋友，都吵著要爸媽再開到螞蟻車旁邊看一遍，甚至還要求螞蟻車停下來，讓他們照相呢！

　　逐漸高雄市民對城市裡出現一台「螞蟻車」有了印象，也開始討論這台車的主人翁——趙天麟這個人，所以當我要去某個區里拜訪前，都會讓螞蟻車先去宣傳，等我親自向選民拜票時，「螞蟻車」就成為我們共同的話題。

　　有趣的是，市民開始對這輛車有了互動。好多人向我建議，應該將車子漆成紅色，因為他們認為它是「好厲害的紅螞蟻」，而且這句話是大部分中年以上選民能共同說出來的詞句，我好奇一問才知道，原來早期在鄉下有很多會咬人的「紅螞蟻」，被紅螞蟻咬到的疼痛感刻骨銘心，而高雄是座移民城市，好多市民的父執輩是來自嘉義、台南、屏東、澎湖還有雲林等地區，「好厲害的紅螞蟻」就成為南部人共同認知的記憶囉！

　　二話不說，我就把螞蟻車漆成紅色，並取名為「紅螞蟻戰車」，果然獲得更大的共鳴，這項成功的創意帶動了整體文宣策略，我穿上鮮紅色的外套並成為我的標誌，「紅螞蟻原子筆」、「紅螞蟻書籤」紛紛出爐，也相當搶手，紅螞蟻的拼勁與我「改革市議會」的競選主軸完美結合，直到現在選民還是喜歡用「紅螞蟻」來形容他們心目中的「少年議員」。

　　「改革議會」是「理想」，「螞蟻車」是創意，「好厲害ㄟ紅螞蟻」則是對選民及鄉里的熱情。透過創意我將理想深刻地傳達給選民，而對選民熱情讓我得到了「好厲害ㄟ紅螞蟻」這句經典文案，這三項的緊密結合，讓我在困難的選戰中險勝。

　　不用賄選，請記得這個勝利方程式，您也可以「會選不賄選」！

「理想＋創意＋熱情=選票」

香包、康乃馨、一枝番仔火

勝利方程式不只是用於競選期間，當選後如何讓支持度持續增長，也是擔任公職的政治人物應修的學分。

不過「理想、創意及熱情」缺一不可，如果只流於技術操作的造勢，那就會變成「作秀」，即使知名度因此增加，卻不一定會得到選民認同。

我再舉幾個有趣的例子說明當選後的政治人物，該如何獲得更多選民支持。

端午節：紅螞蟻香包

當選後該如何讓選民能在數十位議員裡，有國政或市政建言，或是有事想找民代服務時，會找到我這個新科的年輕議員呢？我的幕僚群想到了藉由節慶時刻，製作應景小禮物，讓民眾索取後樂於放在家

中醒目的地方，隨時都可以看到「紅螞蟻議員：趙天麟」。

香包就是端午節最佳應景物品，我們設計了很精緻的紅螞蟻香包，並找品質一流的廠商製作，當年遇到SARS肆虐，香包裡還特別放了排毒的花草香料，既健康又喜氣，讓人愛不釋手。

由於經費有限，所以並沒有大量製作，香包就成為我與助理在拜訪選民時的「伴手」，每次香包一出，都會所向無敵，大人小孩都喜歡，每當我們又再次去拜訪時，大多會看到他們將香包放在客廳或房間，「趙天麟的紅螞蟻香包」也成為端午節除了屈原、肉粽及划龍舟外，另一個能在報章及坊間談到的話題。

母親節：市場康乃馨

「看顧到社會上每個角落的市民」是我一個重要的理念。市場攤商，是港都最基層的老闆，同時也是最辛苦的勞工，大多數家庭都透過攤商採買食品與家用品，成為「陽光、空氣、水」之外的「生活必需品」！

我所屬政黨的前輩陳建銘立委，從擔任國代起每年會在母親節到市場發送康乃馨，他也把這項絕活傳授給我。我就鎖定市場裡的攤商媽媽們，每年挑兩個市場，發送新鮮的康乃馨花束，並且一一向攤商媽媽握手問好，慰勞她們的辛苦。

漸漸地，市場聽到趙天麟要來都很開心，我及年輕助理們會帶著溫暖與活力去拜訪大家，這些大姊與媽媽們更是愉悅，因為她們知道，雖然工作辛苦，但是她們仍然是備受重視的對象。

連續劇：一枝番仔火

「討服務來做」是新科議員首要工作，除了讓選民認識這位新民代外，更藉由讓市民願意走進服務處，交換對公共議題或政治的看法，甚至獲得各項服務，建立深刻情誼，使得民代不會與民意脫節，並預約連任時的支持。

「台灣霹靂火」在上映的時候，「劉文聰」的知名度遠比高雄市議會每一位議員都高，我的年輕助理群想出了一個好點子，決定「站在巨人的肩膀上」鼓勵選民來我的服務處坐坐。

當時我的服務處在高雄市市中心主要幹道口（中山路與苓雅路口），我去拍了一張神似劉文聰的定裝照，擺著酷酷的表情，兩手插腰，遠看還真像。兩邊寫上大大的文案：「您若不爽，不用一桶汽油、一枝番仔火，找我服務就行！」並且把服務處地址與電話寫在上面。

看板一掛上去，電視台、報紙紛紛來採訪，連秦揚（飾演劉文聰的明星）網站都有他的FANS把這個消息轉貼上去，這對市民知道「趙天麟議員歡迎您來找他服務」這項資訊大有幫助。

家庭市議員

賄選的人跟家暴者的心態很像，都是因為「無能」（無能對選民提出理念、無能對伴侶正常交往），而受害人對賄選及家暴的姑息，往往會讓民代養成高高在上的習氣，以及施暴者食髓知味的惡果。

選民不妨將新時代的
民意代表視為「家庭醫
師」，把他（她）當作
朋友與伙伴，將自
己的問題交給家庭
醫師（民代），再
由家醫（民代）
診斷後正確即時
地轉診至正確的
科別（局處機關）治療，
選民再依這位家醫（民代）
的表現，決定是不是再去就診，
用選票再讓他（她）連任。

　　我現在無論是在校園或社團的演講，都推動
著「家庭市議員」的觀念，自己及助理群也身體力
行這項理念。市議員的價值不在於「架子」或「賄
選」，政治是一項「志業」，「民代」也是「志工」
的一環，隨和親民、講究專業，將會是日後民代
備受尊重的評估標準，到那時候也才是台灣成
為成熟民主國家的時候喔！

選戰必勝方程式 | 王昱婷

　　很多人說「選舉沒有師父，用錢買就有。」果真如此，那我想這樣就不叫「選賢與能」，而應稱之為「選錢與富」了！也許早期選舉真如這句話所說的一般，金錢扮演著舉足輕重的角色，畢竟有句諺語是這麼說的「有錢能使鬼推磨」。不過別忘了，我們已經進入二十一世紀，很多事情早就不一樣了！

　　其實我認為現在台灣的選舉有幾個勝選因素。首先最重要的就是勤。因為新人剛參選比較沒有知名度，往往選民不認識你，不過沒關係勤能補拙，一回生，二回熟，三回變朋友，勤走動，勤拜訪，久了就是好朋友。第二重要就是文宣議題。誠如之前所說，現在不是選錢與富而是選賢與能，那到底賢在哪裡、能在哪裡，就要靠文宣議題來讓選民認識並了解你了。第三就是人和與士氣。眾所周知，擔任民意代表，不論縣市議員或是立法委員，少則數千票多則數萬票；若是民選首長，更需要六位數以上的選票才能當選。因此，平時的人和與選戰的士氣就很關鍵。最後就是經濟能力了（或稱之為募款能力）。因為只要一選舉，不管做什麼都要花錢，造勢車隊要錢，文宣廣告要錢，民調

要錢，旗幟要錢，就連打電話拜票都要錢！錢錢錢錢錢……，打一場選戰下來，不論是村里長或是民意代表、縣市首長，至少要六、七乃至於八位數以上的金錢，如果自己沒那麼多錢，那就只好募款了。

　　為什麼我認為在勝選因素中最重要就在於「勤」呢？首先，各位要知道人脈不是憑空掉下來的，而是一步一腳印用心經營出來的。曾聽人說「選里長要靠親戚，選議員要靠朋友，選立委就要靠機緣了。」何解？要選個里長往往需要幾百票就可以當選，所以親戚多的候選人就比較佔便宜；而要選議員非要幾千票才可以當選，所以除了親戚之外，朋友多寡就很重要了；至於立法委員或是縣市長等所需要的票數少則數萬多則數十萬票，因此除了親戚朋友政黨之外，就要靠機緣了。但話說回來，誰規定親戚就只能投票給親戚啊？！誰說朋友

就一定會投票給朋友啊？！別忘了現在可是秘密投票，除了自己之外誰知道你投票給

哪一位候選人啊。所以經營人脈的不二法門就是勤了，一勤天下無難事，只是自己會很累。但我想天下本來就沒有白吃的午餐，想收穫就先看自己怎麼栽！

俗語說「見面三分情」，也有人說「一回生，二回熟，三回變朋友」，所以勤拜訪基層，勤選民服務，勤走動串門子，特別是在中南部，搏感情是一定要的啦！所以你就會在婚喪喜慶的場合看到民意代表的身影；所以你會在抗議活動中看到民意代表大聲疾呼聲嘶力竭的模樣；所以你就會在里長或社區理事長或廟宇的主任委員等等地方意見領袖的家中，不經意的看到民意代表來串門子；也所以你會在哪一天因為失眠睡不著而出門到便利商店買零嘴時，赫然在街角的茶桌上發現深夜民意代表跟一群民眾在閒喀牙窮聊天。這一切的種種現象，不要懷疑，就是民意代表跟民眾在「搏感情」啦！

在平時累積的人脈，到了選舉時就會變成組織樁腳而成為候選人的基本盤。因此想要檢驗自己的人脈指數，可以將平時接到的婚喪喜慶場次來當作判斷指標，場次越多意味著人氣越高，場次越少意味著你要加油了。所以我就曾經聽說有某些候選人為了增加自己的人脈，特別跟葬儀社請託只要一有「生意」務必通知他，好讓他可以跟喪家致意並參加儀式。也曾聽說南部某民意代表靠一個絕招當選，這個絕招就是每到公祭場合，不論認識與否，他都從門口跪拜到靈前並痛哭致意，這一招弄得所有喪家的家屬都覺得不把票投給他就太沒人情義理了，而這一招也弄得其他民意代表沒有人想跟他參加同一場喪禮，因為馬上就被比下去了。所以選舉真的很好玩，可以讓人看盡人生百態，也讓人體會到天下之大真是無奇不有啊！

隨著台灣進入工商社會，人際之間的關係越來越疏離，人民對民意代表的期待與要求也越來越高，因此除了經營人脈組織之外，文宣議題所扮演的角色也隨著社會型態的轉變而越趨重要。畢竟大家都知道要當選先要有知名度，有了知名度之後再轉換成支持度，透過「認識、記住、支持」的模式，如此才能水到渠成順利當選。

一般說來，每次選舉大約會有當選名額的兩至三倍以上的候選人出來參選，因此在眾多候選人中如何讓民眾對你印象深刻，議題的設定就很關鍵。舉例來說，目前民眾對普遍對國會亂象感到厭倦，因此率先喊出國會改革乃至國會減半等訴求，就容易讓民眾印象深刻；又譬如說在二○○四年總統選後，不少民眾對族群融合的議題感到憂心，此時率先喊出自我反省與大和解的訴求，就容易得到部分民眾的肯定與認同。若以新人來說，二○○四年總統選戰後，因國民黨較晚啓動黨內檢討機制因而引發藍鷹與五六七聯盟等等年輕人嗆聲世代交替的議題，相當程度的反映出當時年輕人的心聲，也得到許多迴響，並進而讓國民黨在不分區立委的提名名單中有了年輕人保障提名的共識。種種例子證明了事在人為，只要以理性思辯來設定議題並抓住時機，然後再以感性的言語來訴求民眾情感的認同，時勢造英雄，也許你就是下一位政治明星！

俗語說水能載舟亦能覆舟，因此在文宣議題的操作上要特別注意「立場正確」、「過與不及」的問題。當然要做到收放自如是需要時間的歷練與經驗的累積，但如果選舉已經迫在眉睫沒有時間來讓你好好磨練與累積時該怎麼辦？告訴你一個小秘訣——善用民調！也許有人會說現在的

民調都不準，其實我看末必然，許多發布的民調
之所以不準，是因為這種民調往往都附有政治
任務或目的，在題目的設定與樣本的採樣
上就有了偏差，所以民調結果與現實會有
相當大的誤差。然而自己做的民調，只對

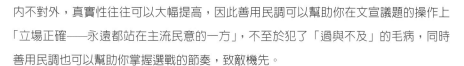

內不對外，真實性往往可以大幅提高，因此善用民調可以幫助你在文宣議題的操作上
「立場正確──永遠都站在主流民意的一方」，不至於犯了「過與不及」的毛病，同時
善用民調也可以幫助你掌握選戰的節奏，致敵機先。

　　現在的選民可以分為幾種：基本教義派、中間選民、頂票族（這是幾個朋友之間
的戲稱，是指永遠不去投票的選民）、西瓜族（只把票投給他覺得會當選的候選人）。
因為選民結構的特殊性，所以選戰一開打之後，競選總部的士氣與當選的氣勢就很重
要，只有你有勝選的希望，你才能因勢利導、藉力使力來吸引更多的選票。

　　各位要知道競選團隊是短期結合的戰鬥部隊，每一個輔選幹部可能都跟候選人很
熟，但幹部彼此之間可能就不太熟悉，甚至可能幹部與幹部之間還曾有心結互看不
爽，在這種狀況之下如何調和頂鼐，並帶領競選團隊同心協力打敗競爭對手以創造勝
利佳績，實在是一件不容易的事情。如何維持競選團隊的士氣呢？我個人以為候選人
不但EQ要好，同時還要謹記「抓大放小，難得糊塗」兩個原則。換言之，凡事抓住大
原則，小地方則保留彈性因時因地制宜，同時要常常提醒自己難得糊塗也是一種不錯
的人生哲學，反正選舉一到事情就多得讓人覺得時間不夠用，你也很難面面俱到，既
然如此不妨就抓大放小，難得糊塗了。

　　最後要談的也是很重要的一項因素就是經濟能力了（或稱之為募款能力）。大家

都知道「大軍未動，糧草先行」的道理，選舉也是這樣。打一場選戰下來，小至村里
長，大到民意代表、縣市首長乃至總統選舉，至少要六位數以上甚至到九位數的金

錢，所以如果候選人自己沒有一定的經濟基礎而只想靠朋友募款時，往往到最後就會發現朋友好像一直都很忙，忙到都沒法聯絡來募款。我曾經看過不少例子，為了參選賣了房子、借了貸款，最後只留下「那美好的戰我們已打過」的回憶，很難去評價得與失，但有志從政的年輕朋友不妨先去協助理想的候選人從事競選活動，我想你一定可以從中親身體驗人生的酸甜苦辣。

　　印象深刻的有好幾個例子，曾經聽說有一位候選人到了選戰末期，錢不夠用，可是身邊可以賣的都賣光了，可以借的也都借貸了，不得已只好拖欠競選幹部的薪水，沒想到錢還是不夠，到最後十天竟然偽造未上市公司的股條向人借貸數百萬，雖然最後因為敗選而不了了之，但這位候選人的名聲也因此變得不太好聽，差點成了眾人的拒絕往來戶。也曾經聽過另一種極端的例子，就是那位候選人為了參選向許多朋友借了不少錢，到最後他的債權人擔心他落選後會討債無門，因此所有的債權人都成了他的義務輔選幹部，積極幫他輔選，結果選前原本眾人預估他是落選前兩名，沒想到投票結果他竟衝到當選前三名的名單內，跌破眾人眼鏡。我想選舉手法人會變，但箇中巧妙往往要到選後才會讓人恍然大悟，所以這就是為什麼會有這麼多人對選舉著迷的原因吧！

　　之前有一份民調顯示在許多專業經理人心中政治人物的可信度不如乩童，總統的可信度不如命理師。這其實是一件可悲而嚴肅的事情，只是說來諷刺，許多原因、許多現象說穿了都只是為了選票。謾罵作秀是為了上電視提昇知名度以爭取選票，抹黑分化也是為了搶選票，悲情訴求說穿了還是為了選票。不過，我一直認為不應該低估選民的智慧，不是非得要走偏鋒或是用極端的方式才能勝選，其實勤走基層、善用文宣議題，只要策略運用得宜一樣可以勝選！

選舉沒師傅、用錢買就有？

王欣儀

　　雖然已經是二十一世紀，政治在台灣幾乎已經不是討論民不民主，而是民不民粹的時代了；但是很遺憾的，每到選舉，大到總統大選，小到村里長選舉，從初選到正式選，似乎總還是「賄」聲「賄」影不斷。

　　雖然呼籲大家勿忘「選賢與能」，唾棄賄選行為，攜手乾淨選舉，但是賄選依然存在卻是不爭的事實，不少人每到選舉就等著發一筆橫財，許多人仍靠賄選當選，叱_政壇。

　　雖然我自己不可能、也沒錢去買票，從小到大也沒碰過有人上門來買票，但這些年來，經我旁敲側擊、明察暗訪，倒也歸納整理出不少當下市面上買票文化的密技，其中一些「撇步」，可是內幕中的內幕，看到算你賺到。

賄選心理戰

　　說到賄選，就先跟大家分享一段我自己參選時的親身經歷吧。

　　我辭掉主播選議員時，由於人力、物力及財力都很匱乏，加上年紀輕，又是新手參選，既沒經驗也沒椿腳，別說穩當選了，就連票在哪都不知道！因此可說選得提心吊膽，一點把握也無。

　　就在投票前三週，一名年約四十五歲的男子，到我的競選總部

來，說有要事找總部的負責人談。當時剛好我父親利用假日北上總部幫忙，於是，這個人就和我父親閉室密談了起來。他說他在我的選區內基層有多熟多久，人脈又多好多廣；根據他的了解，應選十二席，我的民調恰好在吊車尾的十一、二名，就在當選與落選邊緣，估計只需要再有二、三千票就可以篤定當選。

因此，他建議我父親應該買票，當時，他開價每票八百元，以兩、三千票來算，大約要花上一百六十到兩百四十萬元之間。他並且說，選前先付款一半，另一半等到確定當選才支付。

我父親質疑他：「我們怎麼知道你確實有辦法買到多少票？」他一本正經的說：「你先自己估算一下，在這個行政區各里中，你可以開出多少票？比如說，某個里你自估兩百票，我去幫你買票，若結果開出三百票，那多出來的一百票你才付錢。」我父親聽畢，半信半疑：真的有這麼厲害嗎？

到了選前一週，正當選戰進入短兵相接，割喉血戰的倒數計時階段，那個男子又出現在競選總部了。這回他說：「我和很多里長談論選情，大家都說欣儀是個優秀的人才，希望她能當選，如果不幸高票落選就太可惜了，因此我們把決定把條件降低，大家參考看看。」這次，他的付款方式和價碼都降低了：一是一票降為五百元：只要花個一百到一百五十萬左右就可確保當選；二是付款方式更優惠：事先一毛錢不拿，全部採後謝方式；在你評估出自己在各里的可能得票數之後，他直接告訴你在各里會

第四場　會選不賄選

171

幫你開出幾票,重點是:選上才付錢喔!

在選情最緊張的時候,聽到如此「優惠又好康」的條件,換做財力雄厚的候選人,恐怕難免心中會癢癢的,在如此高明的心理戰術下,候選人往往在抱著寧可信其有、圖個心安、怕落選的考量下,很可能就會答應了,反正一百多萬也不是什麼大數目嘛!

不過這位仁兄雖然言之鑿鑿,狀似苦口婆心,不過,他實在是找錯對象了!我們再怎麼難選,就算最後落選,也要選得光明正大、坦蕩磊落!更何況之所以會出馬參選,就是要以清新形象、清廉操守來打造清明政治,怎麼可能考慮買票賄選呢?因此,最後當然沒有和他合作,把他給請出了競選總部。

事實上,根據我過去看人選舉、幫人抬轎的經驗,每到選舉,總會有這種人上門來兜售選票,手法說詞不一,都號稱自己能掌握幾百票、甚至幾千票,如果你不把握這個機會,多得是其他候選人搶著要;像這類的人,你可以叫他選舉騙子、選舉掮客,或是選舉蟑螂。這些人很可能遊走每個候選人的競選總部去賣票,只要騙到一筆,就可少做事兩、三年了。但事實上,哪怕說得再天花亂墜、動人心弦,相信我,

全都是騙人的！以務實角度來分析，一個人的人際關係，了不起能影響個幾十票（比如左鄰右舍和親朋好友），若說能掌握幾百、幾千票，恐怕都是「膨風」的。

　　不過，基於不能得罪選民的原則，即使這些選舉掮客讓人既頭痛又疲於應付，也只能客氣婉拒。

賄選怎麼選

　　坊間流行一句台語：「選舉沒師父，用錢買就有。」這可說是在賄選風氣很盛的時代，最佳的寫照。但是，一旦真正要賄選，你就會發現這句話並不正確——因為，買票絕對不是只要有錢就可以了，它需要專業分工、仔細精算，並且還要有本事做到下列三點：一要買得到票；二要買對票；三要不被抓到。要真正做到這三要，可沒那麼容易。

　　首先以區域來分，買票方式約可分成三種：

　　1.全區大買：這種買法必須財力雄厚才行，因為它是散彈打鳥，機率和成功率都較低，但較不費事，也較容易達成。它通常透過行政體系的力量，如鄉鎮市長、具有基層實力背景的人來發放。

　　不過，這種買法近年已經大幅減少，因為，候選人必須一次給所謂的大樁腳一大筆錢，到底這個大樁腳是否有把錢發出去？（比如，撥給這位大樁腳五千萬元，他可能只發一千萬出去，獨吞了四千萬，你死無對證。）這種買法，風險高、難落實、手法粗糙，現在已很少人採用。比如說，九五年的立委選舉，據了解，北縣的某位候選人花六億做全區大買，彰化縣某位立委也花了三億在全區大買，結果都落選了。

2.全區小買：仍然全區域買票，不過交由數個頭頭來買，可能是縣市議員、村里長、鄉鎮代表或意見領袖。這種做法雖然給錢稍微分散了，但仍無法確認選民是否真的都拿到錢。

3.重點區買：這是一種較科學、也較有專業分工的做法，在近年來逐漸流行。候選人必須先評估自己的實力，弄清自己的需求：到底目前有把握拿到多少票？弱區在哪裡？再透過樁腳買票來加強。採用「重點區買」的方式，通常有兩大步驟：

第一步：先下樁。通常在選前半年、一年前，就先以顧問或助理名義，以給薪水的方式來綁樁，或是直接先付給一筆金額。事實上，買票不一定全是用給錢的方式，有時也可以用「夢」來買。例如，角逐百里侯的人會許下某些人事權的承諾，用未來的職位買；或是用關說工程、合作案等的誘惑，許你一個勝選之後，就可以如何如何的夢想，具有無限的想像空間，樁腳就會努力去拉票，這也就是為什麼大家會說：「政治就是利益分贓」。

第二步：綁票箱。要能做到綁票箱的程度，通常在縣市議員層級的小區域選舉比較可能，立委層級以上較大選區的選舉，困難度很高。因為，綁票箱必須每個票箱都有人，分工必須很細緻，所動用的人力、物力相形可觀。

　　何謂綁票箱？簡單的說，就是一個票箱會有兩個主要負責人，也就是明樁和暗樁，而明樁根本不知道還有一個暗樁；這兩個明樁及暗樁，都以為自己是明樁。不管明樁或暗樁，每個人都負責五個人，這五個人又分別要負責催（買）到二十張選票。所以一個票箱明暗樁共有5×20×2=200票。

　　明樁為何要替候選人鋌而走險呢？因為早在半年、一年之前，候選人已經下樁、付薪水了呀！而叫一個明樁找五個人、五個人又分別找二十個親朋好友去買票，這也是以人際關係來看，較務實的做法。

　　雖然這種綁票箱的做法，還是無法在投票時確認是否投給自己，但比起全區買法，已經精確保險多了。

　　要知道即便精細到綁票箱的程度，候選人花下買兩百張票的錢，可不見得兩百張票都會真的投給你，通常成功投票率在都會區只能抓兩成、在鄉下可以高一點抓三成左右；如果能確實做到真正的專業分工，最高頂多可以達到五成。因此，通常候選人會多買一些以茲保險。

　　好處有三：A.沒有上下其手的困擾；給每個人的錢少，較不會被獨吞或被「A」掉。B.分工精細，人數配置符合現實運作，較能落實。C.每人只帶一萬元，就算被抓到，也很難認定就是賄選。因為，一個人身上帶一萬元是很稀鬆平常的事，因此，安全性較高。

買票大破解

　　知道了買票的科學方法，我們再來看看到底買票還有哪些「撇步」，才能買到

票、買對票、還不會被抓到，達到最高的成功率？通常候選人會以下列六點做法來強化：

1. 叫黑道背景的人去做：由他們出面，他們只要拿五百票的錢給椿腳，至少要開出三百票，否則大家看著辦，這樣帶點恐嚇的意味，常常讓椿腳和選民不得不畏懼三分。不是說黑金黑金嗎？黑跟金通常都要形影不離，才能所向無敵！許多候選人本身就有黑背景，再藉參選來漂白。

2. 加買保險：拿了你的錢，可不代表一定會投給你，因此為確保安全票數，假設想開出五萬票，通常票要買到十五萬票。

3. 用代號：絕不直接談錢、說出買票等字眼，以防被監聽錄音，而用衣服、帽子或杯子等代號來替代。例如說「我帶了五百件衣服下來」，就代表他帶了五百萬的買票錢；另外，像大家熟知的高雄市議長選舉賄選案，

就是用「棉被」，來作為代號。

4.名單也要特別製作：不能用白紙寫上一堆名單，當然更不能直接寫上賄選名單，而是要使出障眼法，利用其他名目如進香團、旅遊名單來條列，只有內部自己人心知肚明。

5.做帳有密技：競選總部不會有一筆買票的帳，只會寫買衣服（或帽子、背心），不寫金額，用代號編數字，比如，A代表一百，B代表兩百，C代表三百……那麼，講ABC就是指花掉12300元；檢調單位查獲時，還得加以解碼才行。

6.請出宗教神祇做見證：既然花了大把銀子，如何確認拿了錢的人，會去投你的票？大家一定還記得法務部近兩年的查賄廣告：「神明有在看哦！」沒錯，早年買票的人多半會要求在神明下給錢，意味著你拿了錢，要守誠信、不能不去投票；因此，據說有些樁腳還特地搬著神明去送錢呢！

過去在鄉下，買票情形嚴重，一個選民可能同時拿了好幾個候選人的錢，也就是說，買票≠投票，這時，你仍必須要有投票給你理由：

A.比錢多：別人買五百，你買一千，價高者

得。

  B.比服務：平常的選民服務，做得比別人好，先收買人心。

  C.比好處：你選上以後，對他有何好處？通常是指關說案、包工程、做生意的機會等。

  舉例來講，在九五年台北縣的立委選舉中，某甲候選人花一張五百元買票，某乙也花同樣的錢在買票；後來兩個人發現票源重疊，選前二天，某甲就加碼到一千元，某乙評估後，決定不跟進，結果，價高的某甲當選，沒跟進的某乙高票落選了。

  表面上看來，某乙似乎應該加碼才有勝算？但事實上未必。這兩個候選人的條件可能還是有所差別，某甲可能本來就勝算較高，價高等於添柴火；某乙本來可能條件較差，如果加碼到一千，可能賠得更多，因此，他沒跟進，等於就是少輸為贏。

  不過，反過來看，某乙若當時加碼到一千兩百元，說不定就是他當選了呢，Who knows？

  由此可見，買票學問大，不確定性更大，往往很難精確判斷評估；所以奉勸從政者與其花上這麼多心力、腦力、人力、財力，挖空心思買票，不如還是腳踏實地做好問政和選民服務的工作吧，有了民眾真正的肯定與支持，不買票也能選得上！

  古時候，在物資缺乏的年代，用來買票的替代品，多半是香皂、味精、毛巾或洗衣粉之類的民生必需品，隨著生活水準提高，民生物資不再缺乏，買票才開始直接以現金交易。

  時下最高明的買票法，都經過縝密的設計，其中「交叉買票法」可以說是最科學、也是專業分工最細的：平時候選人在選區的每個區塊，都會安排一個助理做為負責人；到了選前，每個人在所負責的區塊先行完成相關的前置作業，等正式買票前，

則開始進行一場助理乾坤大挪移，甚至從他處調人來，讓每個區塊實際執行買票工作的人都是生面孔（熟助理早就被檢警列為重點監控對象，一有動作就會被逮）；用生面孔去買

票，檢警就失去辦案方向，想抓人？可就像大海撈針了。

這時，不但人要陌生、車子也要是生車，連手機（因為手機內碼也可能被鎖住）、門號都要換新，一律採用預付卡，也就是坊間所謂的買票手機、買票專線。

另一種花招是樁腳開賭盤，和選民對賭：一旦支持的人選上，就賠一萬給選民；若沒選上，選民要賠一千。大家為了賺九千元，就拚命四處去拉票，提高開票率。

買票文化　可以休矣

除了各種針對不認識民眾買票的行為外，還有各種手法花招，讓檢調防不勝防。

比如說，期約賄選就是其一。

話說當年某股市聞人兼大企業負責人要參選，據說曾經下指令給旗下企業員工：只要老闆當選，全部員工加發六個月年終獎金。這招果然厲害，各員工紛紛四出拉票，結果，他在選前一個月才宣布參選，竟然也高票當選。

事後檢調單位查辦賄選，沒有人承認聽說過約定加發年終獎金；即使當年底真的發了六個月年終獎金，立委老闆也說是因為公司賺錢，檢調單位除非當場人贓俱獲，否則拿他一點辦法都沒有。

此外，還有很多方式，也可以做到化賄選於無形。像是，辦活動、招攬旅遊，只收一點點錢，事實上等於是免費招待；可能是和社區發展協會、里辦公處、或是某某團體結合，活動當天候選人會派人在裡頭，大家都會知道這一攤是誰出錢，應該怎麼回報。

嚴格說來，這些也都算是賄選的一種，只是，它不是直接買票，要抓很困難。因為用別人的名義（里辦公室或社區發展協會）辦活動，即使付活動贊助費，也很難直接認定有賄選。

就算用錢買票，候選人也不會自己去交錢，一定會委由下面的人代行，很可能是助理、二助或三助，這些助理的行為，可以解釋為和候選人無關，到時，下面的人先頂罪，刑責並不重。總之，再怎麼辦，也辦不到候選人身上。

因此，當下次你再聽到某位候選人斬雞頭、發重誓，斬釘截鐵的說「自己」沒買票時，可千萬別輕易相信。因為，他根本不會本尊親自出面送錢，而是由他的助理或分身去買嘛！就連南部某某美女立委被人質疑賄選時，也是跳出來大聲駁斥：「我某某人，絕對沒有買票！」可見這招真的好用，而且保證安全。

不過，透過雷厲風行的查辦，鎖定黑名單、查緝樁腳，並施以多次、每次十二小

時以上的疲勞轟炸偵訊，這些有案在身的樁腳，都會心生畏懼而不敢再買，甚至，他們會出來傳話，描述偵訊的可怕，因此雖然抓賄困難，但積極查賄的結果，或多或少還是會形成寒蟬效應，而且，被查過的樁腳一旦因為害怕而收山，如此一來買票就愈來愈難買了。

票難買，怎麼辦？有些候選人乾脆逆向操作：到廟裡去斬雞頭，宣誓「乾淨選舉救台灣！」試圖引起注意，博得喝彩－－其實是無路可走、無路買票啊！每到選舉，最可憐的莫過於那些雞。

選舉期間，常常會有人拿到所謂的「走路工」；有些候選人則會用請吃飯、送禮，甚至花錢的方式來買票。表面上看來似乎得到一點好處，不過請睿智的選民想想，這些砸下大錢、靠買票選上的人，選上之後，難道不會無所不用其極的想辦法賺回來嗎？不少高雄市議員因為收賄鋃鐺入獄，沒想到補選時，竟然再由他們的家人代披戰袍上陣，頓時讓我產生不知我們的社會還有沒有「禮、義、廉、恥」這四字存在的錯亂。

羊毛出在羊身上，這些花大錢搞選舉的人，將來當選以後，一定會加倍從各種管道「A」回去，給你的還是會從你身上撈回來，到時損失的，還不是所有納稅老百姓辛辛苦苦的荷包錢！

你那神聖的一票，是要投給專業問政的人，還是要投給豬仔議員？答案應該很清楚了，下次大家要投票圈選時，還是三思一下吧！

會選不賄選 | 阮昭雄

　　選舉可不是用來「玩」的，處處是真槍實彈，每一位候選人在參選前都要有相當的思考才決定投入。過去的選舉「賄聲賄影」，「買票、賣票」風聲不斷，這些或許是民主發展過程中必經之痛。但是隨著台灣民主工作進程，「賄選」已將逐漸成為歷史名詞，在高雄市議長賄選案檢調單位快刀斬亂麻之後，相信台灣的選舉應該會乾淨許多，如今選舉要憑藉著真才實學，才能經得起考驗。

　　以下所談，就「技術」部分較多，其實這些都只是「術」的層級，並沒有一定的規則可循，我只是提供一些經驗供大家參考，我並不是太喜歡談這些，但是這些經驗交流仍是重要的，就個人拙見以供參考。

組織

　　許多年輕的政治工作者老是喜歡搞文宣，總覺得這樣比較「文人雅士」，組織彷彿是「老人」的工作，跟基層搞好關係要有社交能力才行，其實並不盡然，年輕人有年輕的優勢跟特質，一樣可以把組織搞好。

　　組織工作是「根」，根基紮實了，在政治選舉的競爭中才能脫穎而出。現在組織工作必須要科學化，名單的建立是第一步，將名單依照屬性分類，如地區（是否是選區內）、工作性質（專業背景，有時可以互通有無）、支持者的特點等等，這些都是必須的功課。當然名單建立是相當重要的，但是名單是「死」的，怎樣活用才是操作的重點。

定期拜訪

所謂「見面三分情」，如果你支持者都只是「名單支持者」，那些都是「假」的，因為沒有互動，所有一切都是零，但是不可能每個支持者或是投票給你的人，你都有辦法面對面接觸，所以就一些「重要」的支持者，必須表列出來定期拜訪，這樣才能保持一個與支持者「動態」的互動關係，這可是很重要的，所以「勤跑」是一個相當重要的原理原則。但是拜訪每一次所待的時間不可過長，以免造成對方的困擾，但是定期拜訪是有必須的。

了解需求

作為一個政治人物，要了解民眾在想些什麼，絲毫不能與社會脫節，畢竟要掌握社會潮流，如此才能掌握民意，在政治環境中長存。而作為一位政治工作者，了解社會各角落的需求，是確保自己的敏感度，在「官越做越大」時，會越在一個「保護」的狀態，對於民意的

掌控，就會越來越喪失優勢，所以這是造成「政黨輪替」一個相當關鍵的因素。

建立依屬關係

支持者要的不見得是什麼「特權」，有時在意的只是對政治人物的接近性，對於整個團隊有一個參與感，要知道人民是有智慧的，對於生活「細節」則更加有感受，所以適時地讓支持者有一些參與，建立一個與其依屬關係，這樣不只可以讓支持者更有向心力，也可以讓政治人物有所成長、掌握民情。

文宣

如果說「組織」是槍砲，那「文宣」就是子彈、彈藥，一般大眾對於政治事務的了解，首先接觸到的其中管道之一就是「政治文宣」，而目前台面上的政治人物有些也是搞文宣出身的，像是羅文嘉、鄭運鵬、蔡正元、黃義交等。而一般大眾對政治文宣有一定程度的「防衛性」，所以要做一個有「效度」的政治文宣是一門學問。

平時V.S.戰時

一般而言政治文宣可分成「平時」跟「戰時」，平時就要與民眾有所互動，所以有些立委會做所謂的「問政通訊」來跟支持者保持互動，不過這只是「消極性」的功能，告訴支持者你還「活著」罷了，不過還是得做。而一般大眾比較熟悉的就是「戰

時」的文宣，在選戰期間，雙方（或多方）短兵相接你來我往，攻擊摧毀性的文宣居多，雖然在道德上並不鼓勵，但是在選戰這個時間空間極度壓縮的狀態上，攻擊性（負面）文宣有其一定的效果。

形式多樣，但要適合

　　政治文宣形式相當多樣，要配合候選人本身的特質加以設計，像台聯年輕的高雄市議員趙天麟利用台聯的吉祥物「螞蟻」設計其「螞蟻車」，將宣傳車設計成「螞蟻」的樣子，就展現出自己年輕有創意的特質。而一般相當多政治人物採用的「面紙文宣」就不見得每個人都適合，想想民眾會在什麼時候用到你的面紙，上廁所或是　所以囉！要配合候選人的形象來設定。

耳語

　　耳語是相當恐怖的，這是文宣跟組織最緊密結合的方式之一，透過耳語系統，將所要傳達的訊息，在人心不設防的狀態底下，攻其不備，是一個相當「狠毒」的選舉技巧，有其道德的危險性，但如果傳遞的訊息是「事實」的話，就較具正當性了。

資料收集

　　雖然耳語不甚道德，但要有事實根據，如此的耳語才會有效果，所以資料收集就相當有學問了。這跟組織的佈線有相當的關係，全面性的收集資料，因為掌握完整資訊的人才能夠掌握先機。民進黨的「柴契爾夫人」部隊就扮演了如此的角色，而設置「輿情部」更是要第一時間掌握地方資情，以做「耳語攻勢」所需。

危機處理

　　對於己方發動耳語攻勢，但也要防範對方進行耳語攻勢，所以除了己方掌握各方訊息以便進行「攻勢」，更可以了解有無對自己不利的耳語流傳，以利危機處理所需。

媒體

　　每個政治人物對媒體是「既期待有怕受傷害」，許多政治人物之所以可以崛起，

跟媒體是息息相關，做為一個「媒體寵兒」在政治上可以得分不少。以誠懇之心對待媒體，記者朋友也是「人」，人與人之間的互動，以誠相待是很重要，坦白跟誠實是不一樣的，坦白是「人家沒問你，你也說」，誠實則是「人家問了，你才說」，所以囉！對於記者媒體朋友「誠實」是要的，坦白則不一定。

不可大小眼

不要以為大媒體才有力量，在媒體人才流動相當頻繁的狀況下，你所忽視的那個「小記者」，可能明天就到「大媒體」工作，成了一個「大記者」。所以一視同仁是相當重要的，不要動不動就拿翹，「以誠待人」就對了。

掌握特性

各個媒體有其不同的需求，電子媒體、平面報紙、平面雜誌甚至網路電子報，都有不同的特質。掌握每一種媒體的特性，去做一些適度的配

187

合，像是截稿時間，SNG的配合狀況等等，都是要注意的。

募款ABC

募款是一個大工程，對於年輕從政的人而言，若想要走選舉公職路線，募款的工作是免不了的。陽光法案的完備，對於新一輩的我們是有利的，這個金錢與政治的界線才能明白。

建立名單

這就是所謂的「金主」，其實政治工作者跟「和尚」有一些相同，都需要「托缽」，透過社會大眾的「支援」來完成「志業」。建立名單，就名單內的「朋友」同支持者名單加以分類，其實支持者通常就是「金主」之一，所以在「技術」上同組織的建立方式。

帳目明確

募款工作最介意就是帳目不清，因為募款狀況公開透明處理，才能取信於支持者，畢竟這些捐款「理論」上是給參選人作為選舉之用，不是要給參選人私人「吃喝玩樂」用的，這是一個相當重要的前提，所以「專款專用」是一項原則。像新黨大老王建_，將募款得來的款項相當透明地運用，就是一個相當好的作法，畢竟有太多政治

人物都「中飽私囊」了。

小額募款

募款除了要「鈔票」外也要「選票」，而小額募款不但比較不會有糾紛和過大的人情壓力外，更可以將募款層面擴大，每一筆「小錢」也代表每一張「選票」。所以小額募款已逐漸成為趨勢，也將為台灣政治文化帶來另一番氣象。

口號(水)與政見

參選期間政見是不可缺的，在政治「理論」上，政見是選民決定投下神聖一票的關鍵，不過真實情況並非如此樂觀，畢竟有部分選舉的投票行為，還是建立在於地域、族群、人情的前提下完成。不過在台灣民主化過程中「政見」將成為主流。

具體可落實

政見若只是口號甚至只是「口水」，那是一種悲哀，所以政見要具體並且可以落實、可以檢驗的。將「競選支票」兌現了，連任就不是太大的問題，單一席次的首長選舉尤是如此。

議題設定（分眾）

選舉時每個參選人所提出的政見是多如牛毛，對於在這個競爭如此激烈的「政治市場」中要脫穎而出，則要凸顯個人特質，而政見也是如此，要針對各階層選民不同的需求提出看法，並且規劃出解決方案，才說到選民的「心坎」裡。

大格局、理想性、操作性

而除了技術性的「解決式」政見外，所呈現的格局更要具有理想性，並且不要忽略可操作性。「大格局、理想性、操作性」缺一不可，不然就只是不營養的口水而已。

一雙腳趴趴走

作為一個「選舉」出身的公職，沒到處跑跑，是一件糟糕的事，至少選區內也要兼顧一下，當然在都會區選區經營方式與鄉村型的選區有些不同，但是趴趴走是有其必要的。

勤跑是唯一法門

對於選區的經營只有勤跑再勤跑，所以我在前面的章節中提到「懶人不要來」，做政治工作是相當「辛苦」的，每天不只要「送往迎來」還要「笑臉迎人」，這是政治人的「專業要求」，這是「最低要求」。

一步一腳印

對於選區的了解是必要的，發生了什麼事也要有所掌握，當然了！不一定要自己本人每天在選區「打混」，但是選區的訊息必須有所了解。所以要有一些「眼線」。我個人的哲學是「凡走過必留下痕跡」，一步一腳印，不要心存僥倖，在選區多「繞繞」是好事。

感受土地的芬芳

在朝揚升起，在夕陽降下，那昏黃的陽光，讓人感到一絲絲溫暖，踏在台灣這塊土地上，那感受是感人的、是動人的。服務這塊土地的人們，感受一下土地的芬芳，不要渾渾噩噩過日子，有太多的政治人物在當選之後，整個人都變了，以為自己是個「什麼」了。像外交部長陳唐山在擔任台南縣長時間，都會利用一些時間一個人到處走走，除了「體察民情」外，也跟縣民多「在一起」，「感受」是一件很要緊的事情。

第五場

第一跑道……王昱婷
女人在政治生活中的20／30／40

第二跑道……王欣儀
不為人知的一面

第三跑道……阮昭雄
小故事大有意思

第四跑道……趙天麟
質詢與答辯時間

政治初體驗

小助理大學問

權力春藥要不要

會選不賄選

第五場

喝咖啡聊是非

女性在政治生活中的20／30／40

王昱婷

最近，有部電影很紅，它探討的主題帶有濃厚的女性氣息及意識——「20、30、40」。故事講的是，三個看似沒有交集的女人，二十歲的青春洋溢、三十歲的矛盾迷惘、四十歲的生命精華，看似不同的成長階段，卻在生命的縱向起了連結。討論「20、30、40」階段的女人是很有意思的。從二十歲到四十幾歲，那可能是女人一生中最美好的三十年；從生理、事業到感情，有許多東西可以探討。對女人而言，二十歲可能還在讀書、探索未來、開始戀愛，目標比較模糊；三十歲可能避諱成為世俗眼中的「單身公害」，結婚、不結婚……，與有工作、沒工作一樣地徬徨；四十歲可能是自我生命較為塵埃落定的階段，最怕聽到「六分鐘護一生」之類的廣告詞，因為將面臨到更年期身心變化的尷尬。

每個女人都會經過這些關卡，在這些關卡中產生不同的生理與心理的變化，無論面對愛情、友情、親情、婚姻、事業都會有不同的想法與做法。而我身為全國最年輕的國會議員，已連任二屆目前正在挑戰三連任，在嚴肅國會問政、辛苦基層服務的背後，那只有自己才能懂得的秘密花園，敏感

於感情和青春的消逝，承受著現實與理想兩者之間的衝擊，一直辛苦的思考著如何取得平衡。二〇〇二年我曾經參加過一場三、四、五、六年級傑出女性的對談，赫然發現除了私領域（諸如生活態度、感情生活、休閒娛樂等等）我跟時下六年級生相仿之外，在公領域的部分（如工作態度）我竟然跟三、四年級生有著莫大的共鳴，有著共通的語言（如嚴謹、認命、感恩……等），主持人最後結論認為這顯示不同世代的差距並不如外界想像的大，不過也可能是因為我的工作強迫我快速成長，以致於二十多歲的我與三十、四十、五十多歲的女性有了許多共通的交集。

近一、二年台灣政治文化中，「性別歧視」加深及膚淺化的趨勢，政治綜藝化、八卦化已造成女性參政非常大的壓力，每每讓女性政治人物彷若在「針孔」下問政；例如媒體邀訪或討論女性政治人物的內容（話題），多是居家擺設、打扮穿著、戀愛婚姻等私生活問題，讓女性政治人物感到困擾及尷尬。而國會殿堂誹聞化、綜藝化的程度，也令人匪夷所思。一連串有關參政單身女性的爭議事件，如眾所週知的璩美鳳疑似遭到私密生活被偷拍事件、陳文茜被周伯倫指稱誘拐他人丈夫事件、呂副總統被討債公司

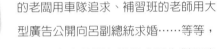

的老闆用車隊追求、補習班的老師用大
型廣告公開向呂副總統求婚……等等，
在在凸顯台灣社會因為對單身
女性的基本人權缺乏保
障，因而嚴重影響到她
們的參政權。

在台灣女性問政
真的蠻辛苦的。有幾
次我跟幾位委員在聊
天時，某位委員抱怨說有幾次
她到健身房運動，在跑步機上跑的

香汗淋淋之餘被一旁的民眾認出，民眾很興奮的跟她討論國家大事，弄到最後她跑不
下去只好回家。另一位委員說有次她去洗頭髮時，結果旁邊的民眾認出她後就說剛好
兒子找不到工作，硬要這位委員幫忙找工作，結果她只好一邊洗頭一邊作選民服務。
結果旁邊一位常上電視的女委員接著就說有次她去作SPA被認出來，被指指點點之後的
結論竟是電視上的她身材比較好看，嘔得她日後只去個人室作SPA。幾位女性委員講得
口沫橫飛之際，只聽到一旁的男性委員涼涼的說一句「奇怪我怎麼都沒有碰過」，然後
這位男性委員曉以大義的說其實我們的遭遇還不算糟，他聽過某位女委員的遭遇更
「慘」，這位女委員到了適婚年齡還沒有找到合適的對象，因此很多人幫她做媒，有一
天相親的對象在約會前竟跑去辦公室看她質詢，看完之後就告訴媒人約會取消，理由
是這位女委員太「強悍」，恐怕不適合他。我想，在這位男委員潛意識中，女性最重要

的事就是結婚吧？ 至於女性在事業方面的表現，例如她是否是一位專業問政、為民喉舌的好立委，就不是重點了吧！？

媒體或大眾習於以「年輕貌美」、「單身未婚」、「投入工作而沒有男朋友」等種種方式，去影射並隱寓緋聞發生的可能性，對於單身女性的刻板印象與污名，彷彿倒果為因成為原罪，女性政治人物在泛性論的思考邏輯下，不僅個人隱私被迫提供輿論消費，參政空間遭壓縮，更成為男性政治文化的祭品，一則則的緋聞或八卦消息，不僅傷害一位專業女性政治人物，更使所有致力於專業工作的女性感到挫敗！曾經就有一位高知名度的單身女立委跟我抱怨，只要她一跟某位樁腳吃飯（現在的台灣社會樁

腳仍以男士居多），沒多久就會傳出誹聞，弄得她只好帶助理一起去。但這種困擾很少在男性立委身上看到。

其實你（妳）知道嗎？台灣女性的參政之路其實很坎坷，光在立法院打架就打不過男性立委了，不是嗎？好不容易以專業能力突破父權政治的障礙，爭取一席之地，卻仍要不斷對抗許多基於性別的歧視與壓力；專業表現與成績再好，卻總是遠不敵外貌、婚姻狀況引起外界興趣，女性美貌、單身與否，不幸地和權力地位的換取劃上等號，抹殺女性的能力、努力。不像男性政治人物是媒體人物專訪或傳記報導的寵兒。諷刺的是，只要被捲入緋聞風暴中，一個女性參政者就要被「疑似女主角」的眼光所窺視，媒體似乎也就有了正當性，鉅細靡遺以身家調查方式報導其背景，支解其個人隱私，更以公布許多個人性的描述或訊息。有一次幾位女立委閒暇聊天時，某位高知名度的單身女立委就說她從不在台灣買貼身衣物，因為不論是她個人的尺寸大小或是喜好款式，她都不希望某天不小心成為八卦雜誌的內容或是他人茶桌閒聊的話題。

我覺得政治跟許多工作一樣，例如：警察、軍人、醫生……，在女性選擇政治這項工作時，會遇到許多刻板印象、難免還是會有

「政治是男人在

搞的」這種感覺。雖然我們現在的副總統是一位女性（也因此很多女性朋友期望台灣未來能出現一位「女」總統），但我發現，她似乎常常未得到她應受的尊重；而許多女性政治人物也遇到一樣的問題，新聞媒體往往會繞著女性政治人物的花邊緋聞打轉，要不然就是針對外貌打扮做評論，比較少著眼於她們的政治成就與社會貢獻。

　　政治屬於公領域、公共政策的探討，雖然社會也期待政治有些軟性化的內容，但政治軟性化並非商業化、綜藝化、八卦化，應該是理性討論，大眾及媒體關注的應該是女性政治人物的專業，而非私生活。我深深以為，生冷艱澀的政治因有女性的參與才能精彩生動，富有人性與生命力。在這種情況下，女性參政者要尋求使自己迅速成長起來的良藥妙方。放眼當今政壇，政府首長由女性擔任的人數雖不多但有許多要角（詳見附表一、附表二），而民意代表女性的比例正日漸升高中（詳見附表三）；這是女權運動伸張的影響，也是教育知識水平越來越高的現象。

　　美國前總統雷根的夫人南茜曾說：「女人就像茶包──不放到熱水裏，你就無法知道她究竟有多濃烈。」這個比喻常被用來解釋女人和政治的關係。北歐國家芬蘭的例子就能說明這一點。作為歐洲第一個給予女性選舉權的國家，芬蘭一九九0年出現西方第一個女國防部長；一九九四年誕生首位女議長。截至去年六月，芬蘭議會中有七

十五位女議員。去年還出現過首次女性最高領導人組合——女總統哈洛寧和女總理耶滕邁基。出現這樣女性參政的盛景，是因為芬蘭把女性放到了「政治」這汪「熱水」中，使她們的政治才幹得以綻放，從而清香遠溢。

世界上第一位領袖研究學教授約翰·阿代爾（John. A. Dell）認為，我們每個人身上都或多或少地存在著領導潛力，通過挖掘和成長，大多數人的領導能力能提升百分之二十。我想，如果有更多的參政大門向女性打開，在歷練之後，女性的領導潛力哪怕只提高百分之十，這個世界也許將會呈現完全不同的面貌。

有一點可以肯定的是，無論古今中外，政治有了女人的參與、角逐而精彩，她們將會讓政治生動、細膩、溫暖起來，更具人性的光輝。無論她們輸贏如何，她們都將成為歷史輝煌記憶的一部分。我也盼望自己能在漫長而坎坷的女性參政之路上，燃燒著具有現代感的自信，既是傳承者，也是推動者。

歷史將銘記每一個女人生命中的「20、30、40」。

■ 附 表 一 · 二：

※ **內閣中之女性閣員比例：**

◎（總數四十七位，女性佔十位，21.3%）

單 位	職 稱	姓 名	單 位	職 稱	姓 名
行政院	政務委員	郭瑤琪	公共工程委員會	主任委員	郭瑤琪
行政院	秘書長	劉世芳	勞委會	主任委員	陳菊
僑委會	委員長	張富美	文建會	主任委員	陳郁秀
考選部	部 長	劉初枝	青輔會	主任委員	林芳玫
客委會	主任委員	葉菊蘭	陸委會	主任委員	蔡英文

監察院女性比例（總數二十四位，女性佔兩位，8.3%）：馬以工　古登美
考試院女性比例（總數十九位，女性佔兩位，10.5%）：李慧梅　邊裕淵
司法院女性大法官比例（總數十五位，女性佔三位，20%）：徐璧湖　許玉秀　彭鳳至
各縣市長女性比例（總數二十三位，女性佔兩位，8.7%）：

單 位	彰化縣	嘉義市
姓 名	翁金珠	陳麗珍

■ 附 表 三 :

※ **女性民意代表比例：**

◎ 立法委員（總數：兩百二十二位，女性委員佔四十八位，21.6%）

國民黨（十九位，39.6%）　親民黨（十位，20.8%）　民進黨（十六位，33.3%）

無黨聯盟（兩位，4.2%）　台聯黨（一位，2.1%）

姓名（黨籍）	姓名（黨籍）	姓名（黨籍）	姓名（黨籍）	姓名（黨籍）	姓名（黨籍）
王昱婷（國）	章仁香（國）	蔡鈴蘭（國）	楊富美（親）	周雅淑（民）	葉宜津（民）
朱鳳芝（國）	曾蔡美佐（國）	盧秀燕（國）	趙良燕（親）	周慧瑛（民）	鄭貴蓮（民）
江綺雯（國）	游月霞（國）	穆閩珠（國）	劉憶如（親）	林岱樺（民）	蕭美琴（民）
侯彩鳳（國）	黃昭順（國）	李永萍（親）	鄭金玲（親）	邱議瑩（民）	藍美津（民）
洪秀柱（國）	黃敏惠（國）	李慶安（親）	鄭美蘭（親）	唐碧娥（民）	蘇治芬（民）
徐少萍（國）	楊瓊瓔（國）	沈智慧（親）	王淑慧（民）	張秀珍（民）	高金素梅（無）
張蔡美（國）	楊麗環（國）	柯淑敏（親）	王　雪（民）	張花冠（民）	陳文茜（無）
陳麗惠（國）	廖婉汝（國）	秦慧珠（親）	周清玉（民）	許榮淑（民）	錢林慧君（台）

◎ 台北市議員（總數：五十二位，女性議員佔十五位，28.8%）

國民黨（八位，53.3%）　親民黨（三位，20%）　民進黨（四位，26.7%）

姓名（黨籍）	姓名（黨籍）	姓名（黨籍）	姓名（黨籍）	姓名（黨籍）
吳碧珠（國）	陳孋輝（國）	秦儷舫（國）	黃珊珊（親）	李文英（民）
賴素如（國）	陳玉梅（國）	厲耿桂芳（國）	王欣儀（親）	顏聖冠（民）
李彥秀（國）	林奕華（國）	汪志冰（親）	呂瀅瀅（民）	徐佳青（民）

◎ 高雄市議員（總數：四十四位，女性議員佔八位，18.1%）

親民黨（兩位，25%）　民進黨（三位，37.5%）　無黨（兩位，25%）
台聯黨（一位，12.5%）

姓名（黨籍）	姓名（黨籍）	姓名（黨籍）	姓名（黨籍）
王齡嬌（親）	康裕成（民）	林宛蓉（民）	楊色玉（無）
童燕珍（親）	周玲妏（民）	李喬如（無）	葉津鈴（台）

203

不為人知的一面 　王欣儀

小故事大啓示

　　喝咖啡聊是非？粉抱歉，我實在是個不怎麼八卦的人耶，記得以前還在當新聞主播時，有一陣子特別流行聊八卦的談話性節目，常聽到主持人及來賓在節目中口沫橫飛的大談新聞圈「内幕」，如某某被圈内人私下稱之為「香奈兒公主」的主播如何又如何，你一言、我一語，講得好像每個人一聽就知道她是誰一般，害我頓時覺得十分汗顏，心想：虧我在電視新聞界這麼多年，怎麼都不知道他們在說誰呢？於是決心雪恥，好好「補習」一番，馬上拿起電話打給其他的主播同事，打算討教討教，結果沒想到她們也都不知道這說的是何許人也，因此一直到現在，這個疑問我仍然沒有答案，真不知道到底是我們不夠八卦，還是這些人根本就在胡謅亂掰呢？

馭夫有術　育兒有道

　　喝咖啡我很在行，倒是對於現今社會還有沒有是非觀念，感到很憂心；至於政治圈中的八卦，多數和酒色財氣脫不了干係，所以就別害我得罪人了吧！如此這般，就

來聊聊我較熟知的政治人物，他們比較不為人知的一面好了，先從我的前「老闆」李慶安委員，我口中的慶安姐「出賣」起。

　　不知道大家對慶安委員的印象是什麼？國會模範生？第一名的立委？教育守門員？台北市長熱門人選？女中豪傑不讓鬚眉？智慧加氣質美女？還是問政擲地有聲、能言敢言？不論你的答案是哪一個，大概都不會認為這隻「不怕貓的老鼠」，會是溫柔小綿羊吧？告訴你，在「阿那答」老公及小孩面前，李慶安委員可正是不折不扣的溫柔小綿羊！無論在外如何叱吒風雲，回到家在老公小孩面前，李委員講話不只輕聲細語、甚至是甜言蜜語呢！舉個例子來聽聽，你就知道李委員對夫婿是如何恩愛聽話了：話說在慶安委員還在當市議員的時候，有一年由市政府所主辦的耶誕節晚會，邀請她和當時的台語紅星洪榮宏先生在晚會中對唱一曲，大家都知道洪榮宏先生最膾炙人口的歌曲是「一隻小雨傘」，所以既然是對唱表演，這首耳熟能詳的歌，當然毫無疑問是第一選擇囉！沒想到晚間八點演出的晚會，到了六點左右，當慶安姐向先生「報備」晚上行程時，卻出現狀況──「怎麼可以和別的男人對唱情歌？」「什麼？還要和別的男人共撐一支小雨傘？」「不行，不行，一定要換一條歌！」天啊，不會吧，什麼年代了，竟然還有人如此保守？乍聽到如此的反應，我的額頭上馬上跑過三條黑線，更離譜的是，慶安姐竟然還乖乖從命，二話不說地立即要我幫忙聯繫換首歌曲。事出突然，還得另外決定歌曲、找到歌詞練歌，實在是時間緊迫，一陣手忙腳亂之下，最後

決定唱英文的聖誕歌曲,也讓我的耶誕夜為了換歌而加班。

　　再偷偷告訴你,雖然他們倆小孩都唸高中了,但是慶安姐還常撒嬌依偎地坐在老公大腿上呢。正因為自己的家庭婚姻幸福美滿,所以慶安姐老是鼓勵鞭策我們這些妹妹們快快結婚;因此,當日前某八卦週刊報導李慶安委員和先生傳婚變時,讓我看了實在有些啼笑皆非。至於慶安委員自己呢?看到週刊報導她驚傳婚變,她說她的婚姻的確有問題,因為在離婚率這麼高、婚姻問題這麼多的現在,她和先生之間卻依然彼此愛慕、恩愛異常,實在是太不尋常,太有問題了!

馬酒是沾　認真幽默

　　聊完美女,再來聊聊帥哥吧!大家都說馬英九市長是不沾鍋,一件陰錯陽差的富邦招待案,卻讓一向堅持依法施政、對自己操守清廉相當有自信的馬市長,嚐到跳到黃河洗不清的滋味。不過你知道馬市長不應酬、不收禮、不抽煙、不賭博、不鬧緋聞,似乎全無不良嗜好,那麼自認是「勇腳馬」的馬市長又會不會喝酒、喝什麼酒呢?事實上,馬市長平常不太喝酒,但有時當他自己作東請客吃飯,或是飯局對象是自己人的時候,他也會小酌一些。而喝的,可是名符其實的「馬酒」喔,而且喝起馬酒來,馬市長的酒量就變得特別海。原來幾年前馬祖推出紹興系列的馬祖老酒,簡稱馬酒,取其諧音,就特別情商超人氣的馬英九去馬祖幫忙站台宣傳推銷;馬英九也很

夠意思，自此就成了馬酒的最佳代言人兼愛用者，凡是宴請賓客一律優先開馬酒招待，而這種馬酒喝的時候還要配合馬英九的獨門配方——加上薑絲和紅糖，果然喝起來溫潤爽口，別有一番風味喔！

　　有人用Witty（機智雋永的），來形容馬市長的口才，我覺得，馬英九是一個連「幽默」這件事，都很認真用心去做的人。舉一個馬市長自己常常津津樂道的例子：一九八七年，在德國柏林舉行的「國際民主聯盟IDU」黨魁大會中，馬英九有機會和英國首相柴契爾夫人做短暫的交談。馬英九左右觀察之後心想，在場的人這麼多，勢必不可能多談什麼，要如何在那麼有限的時間裡，用什麼樣的開場白來吸引她對我印象深刻呢？當馬英九有機會跟柴契爾夫人握手時，他開門見山地說：「柴契爾夫人，我來自台灣，我們現在面臨一個很嚴重的問題。」這一句話，果然就勾起了她的好奇心，柴契爾夫人當然要追問是什麼問題。馬英九回答：「我們現在外匯存底高達七百五十億美元，不知道該如何使用？」本身也帶有幾分英式幽默感的柴契爾夫人，聽出話中的俏皮味，於是也很幽默地說：「那你們可以拿到倫敦，請專業人士幫你們運用！」一來一往之間，話題就這麼打開了。

　　你在媒體上看到的馬英九，講話總是不急不徐、不卑不亢、完整而清楚。因為他認為，一般人在表達上，最大的障礙就是口齒不清，不過口齒不清可並不一定代表發音不清楚。馬英九以林洋港先生為例，他覺得林院長的發音雖不是字正腔圓的標準國語，但是總是能一個字、一個字把話說清楚。有一次林洋港先生接受質詢，立委罵：「我們的法令多如牛毛。」林洋港就不慍不火地答詢：「可是在我們鄉下，牛毛多的牛才是好牛。」一陣哄笑，氣氛自然就緩和下來了。

領袖氣質　捨我其誰

再來談談親民黨的大家長——宋楚瑜主席，宋主席大概是我接觸過，最有領導統御魅力的政治人物了，歷經兩次總統大選的挫敗，對一般人來說，恐怕要消沉低迷好一陣子，但是在他身上，我卻絲毫感受不到遭受挫敗的影響，還是指揮若定、戰力十足地規劃驗票種種。因為在宋主席的觀念裡，他覺得人生在世，除非不想做成點什麼，否則挫折、失敗都是難免的。想贏得成功的人，往往不一定是最聰明、最能幹的人，而是那些肯幹、篤實有耐力、有韌性和能堅持的人。也就是一種「屢敗屢戰，愈挫愈奮」的性情特質。

宋主席曾經和我們分享過一段當年他在成功嶺受訓時，連長教訓他們的一番話，這段話幫助他在碰到憤怒、煩惱、憂慮、不安的情況時，漸漸平靜下來，理出頭緒；也讓他勇於承擔當盡的責任，奮力迎向一切的挑戰。在這裡一併提供給大家參考：「不久你們就要進入社會，在人生旅途上，難免會遭遇很多不如意的事；而且你們之中有些人會出國留學，在外國的社會裡，外國人的氣可能相當難受。如果你現在受了一點挫折、委屈，就沉不住氣，那將來怎麼有出息呢？人生中常會遇到逆境，在那時如果挺不住、怨天尤人或自暴自棄，就不會有希望了；反之，如果能懂得反求諸己、盡其在我，但求心之所安、問心無愧，繼續奮鬥，那麼，不僅心情會很平和，而且必能在最終有所悟、有所得。」

　　宋主席告訴我，人生不可能全是坦途、沒有風浪的，因此在遭到挫折和不快時，有兩個原則是他多年來一直信守不渝、並且真能體會出其中好處的，就是「待人要忠誠、處世要忠勤」。

　　在二○○四年的總統大選，宋主席為了顧全大局、以國家蒼生為念，忍痛讓支持者失望，委曲求全擔任副手，和連戰主席搭檔參選。大選過後，又為了呼應泛藍支持者的殷殷期盼，決定促成國親合併，甚至提出新民主運動，希望整合所有在野力量，眾志成城來捍衛中華民國的民主安定。凡此種種，都是以大局為重的思量作為，但是媒體關注的焦點，卻持續鎖定在連宋王馬權位之爭、世代交替的話題上，最後宋主席實在看不下去，憤而說出：「不要小看了我和親民黨，不是什麼事情都是為了權位！」或許你看了下面這段宋主席耳提面命的話，就比較能體會一個從小到大愛國家甚過愛自己的人，在面對這些不堪的熙嚷，心中會有多憤慨委曲了：『所謂「皮之不存，毛將焉附」，任何小團體，必須隸屬於大團體中，必要大團體繁榮興盛，小我與小團體才有存在與發展的可能。因此，並非小團體不該存在，而是說，「小」與「大」相權衡、相取捨時，應該取「大」而捨「小」。因此，同學、同鄉、同業　關係，固然能拉近彼此的感情，各種聯誼組織也都有存在的意義，但終歸比不上整體國家的發展，更值得我們關切與付出。』『時下有多少優秀的年輕人，卻只知道關心一己的「前途」。再三標榜：我只知道在本行上鑽研、求發展，我不懂政治，也沒有什麼政治立場。是的，是不一定要關心政治，也不一定要有政治立場，我們可以標榜自己客觀、中立，但是至少要愛自己的國家，要關心自己國內的現況與各種事務，並且要看看有沒有獻上一己之力的機會。』

　　行文至此，想起當年陳水扁總統在台北市長選舉時打出的競選口號：「人生有

夢，希望相隨」，人生有「夢」，是好的，但「夢想」的境界、追求的目標、嚮往的層次，則有高低。為「大我」著想的，終比成日惦記著「小我」者，更值得我們崇拜與學習，不是嗎？

好像太嚴肅了，再來聊點輕鬆的吧！想知道平時憂國憂民的宋主席，最喜歡吃什麼嗎？許多時候正在談論國事、氣憤填膺之際，只見他突然從口袋中掏出糖來吃；生氣時吃糖，高興時也吃糖，原來宋主席最愛吃的，可不是什麼山珍海味，而是零食，特別是甜食，可愛吧！

年輕朋友可能對有關愛情的話題比較有興趣。我們常看到宋主席伉儷夫唱婦隨、鶼鰈情深令人稱羨，原來宋主席連夫妻相處之道也頗有獨到心得呢：「能在芸芸眾生之中，找到一個可以相依相伴、攜手共渡此生的伴侶，當然是件美事，值得嚮往，也值得追求；但是除了要『找』一個適合的伴侶，更要努力去『做』一個合適的伴侶，不只是在順境中彼此分享，尤要在逆境中彼此扶持。為什麼說為伴、為侶，意義就在這裡。」

話說兩千年總統大選，親和力十足的萬水姐姐在幫親密愛人宋主席拜票時，可是卯足全力、一步一腳印。某天在傳統市場掃街，邊拜託、邊感謝、更要緊握每一雙可能投票的手，不過市場人多雜沓，實在已經握手握到頭昏眼花，分不清東西南北，竟然連豬肉攤上的豬腳都誤當作手握了下去，夠賣力了吧。這是我在自己參選時聽到的

笑話，一直不好意思去跟萬水姐姐證實真實性，倒是我自己發生過好幾次握到自家助理或助選員的手，拼命對著他們鞠躬拜託的糗事。

心心念念在傳薪

徵乎中外，政黨都是民主社會、代議政治不可或缺的一環，從國內標榜無黨無派的無黨聯盟，也都無可避免的走上組黨之路，就可窺悉一二。所以在聊過人的話題之後，我們就來聊聊政黨吧。不過政黨這個題目太大了，暫且鎖定在和年輕朋友比較直接相關的部分。

年輕政黨　橘子兵團

親民黨成立至本書出版之時，不過只有四歲，親民黨公職的表現則有目共睹。根據澄社以質詢表現、法案立法、專業素養、品德操守、內部團結、整體表現以及黨團幹部等共七個項目，針對國會記者所進行的問卷評鑑調查結果顯示，立法院第五屆第一會期有組成黨團的四個政黨當中，民進黨僅在黨團幹部項目上最受肯定，其餘六項全由親民黨拔得頭籌。總統大選過後的抗爭表現，則讓外界評價是最為團結而有戰鬥力的。

就我的觀察，正因為它新、沒有包袱、向心力強、核心價值明確，所以可以說是個「小而美」的政黨，對年輕參政者而言，少了派系傾軋、黑金排擠，自然多了許多機會空間。口說無憑，數字會說話，就以九一年親民黨第一次參與北、高市議員選舉

的例子來看：台北市部分，當選的市議員有八位，沒有一位有財團或企業背景，也沒有人是政治世家出身，其中高達六位是五、六年級生，除了黃幼中是六年一班的之外，林定勇、黃珊珊以及我王欣儀，都是五年級後段班；至於高雄市議員部分，五位當中也有二位是五年級生，其中王齡嬌也是以女性後段班之姿，在綠色執政的南台灣，當選了民意代表。拿我的例子來說，以我的年齡、背景、財力，換作在民進黨或國民黨，絕對連提名的邊都沾不上，唯有在作風開明、喜納青年賢才的親民黨，才能在爭取提名爆炸的情況下，還能順利獲得提名參選，讓我有機會為親民黨攻下一席議員席次。

小小種子　橘子紅了

　　年輕朋友的活力、創意、理想性，絕對是一個政黨活化、進步、成長相當重要的激素，因此親民家族在培育青年學子的工作上也很賣力喔。

　　每一顆種子就是一個希望，深盼有更多種子的加入，橘子樹才能生生不息生根發芽、日益茁壯。源於對青年工作的重視，親民黨在二〇〇〇年三月創黨之後，同年暑假就馬不停蹄地舉辦了第一屆的E2K青年領袖研習營，集合了來自全台各縣市，七、八十所全國大專院校的優秀學生，為人才培訓養成計畫揭開序幕。

　　每年寒暑假都會舉辦一到二次的E2K青年領袖研習營，每一梯次大約招收百人左右，課程內容包括：

213

一、認識時局：政治、經濟、社會、兩岸關係 等。

二、自我充實：生涯規劃、演講的技巧與應用、EQ管理、增進領導力、人格成長 等。

三、認識親民黨。

四、鄉土教育。

透過學校社團、親民黨各縣市聯絡處，以及親民黨的網站都可獲知相關資訊，而為期三天二夜的研習營，只收費二百元喔。

至於這些青年領袖們，又有什麼樣的機會管道可以真正參與政治、學習歷練、提供意見呢？

一、進入黨系統，出任黨職：多位從E2K青年領袖研習營培訓出來的優秀青年，在學業完成後轉任黨職，進入親民黨中央工作，分屬組織部或文宣部。

二、成為全國委員會青年代表：出席全國委員會，對黨的決策、方向提供建言。

三、參與輔選：選舉時在各場戰役中協助候選人，擔任助理或組織青年幹部、指揮工讀生等。

四、擔任義工：可以在政策中心協助搜羅整理資料，在組織部負責青年聯繫，或在文宣部企劃黨慶、輔助重大活動辦理等。

五、各類不定期聚會：聯誼、討論、提出建議，亦將成立常態性聯誼會

此外，為鼓勵年輕學子展現活動力，親民黨也長期贊助各大專院校社團舉辦活動。當然，為落實青年工作能真正生根發展，黨主席宋楚瑜多次心心念念希望能加緊成立青年部，對年輕朋友的愛護與重視不言可喻，這也是目前我們正在努力的目標，更期待你一塊兒加入親民家族。

小故事大有意思 | 阮昭雄

　　要我聊八卦，我最不在行，認識我的人也都知道我不喝咖啡（因為會睡不著），更不會聊是非，但是呢？但是為了這本書的「銷售量」，希望可以登上「排行榜」，我只得應景一下囉！我來說說幾個發生在我自己和朋友身上的小故事吧，不見得有趣，但總有一些意思。

登山哲學

　　大學時期，除了課業要顧外，也跟同學搞社團，跟學校「作對」，讓校長跟學務長，老約我們幾位「異類份子」一起「喝咖啡」。我在校園裡算也相當活躍，參與推動一些「學生運動」！那時因為喜歡台灣文化，常常參加一些營隊，於是接觸了迄今已經邁入第十個年頭的「新文化學生工作隊」，參與舉辦跨校性有關推動台灣文化的營隊。

　　這支新文化學生工作隊，即是在時任立委的謝長廷先生創辦的「新文化基金會」所贊助支持的學生文化團體。因為這一層關係，我跟「謝律師」（我們私底下對謝的暱稱）有了第一次的接觸。

　　謝律師在民進黨的政治人物中，對文化的關心與其人文素養是備受肯定。立委羅文嘉就曾說過「他覺得謝長廷就像一個暖色系的人物，會讓人家喜歡他」。私底下，謝律師很喜歡

跟我們這些小蘿蔔頭聊

天，談談他對「新文化」理念與堅持。外界一直對他與阿扁總統間的「長扁情結」充滿諸多想像，這些都在阿扁總統兩次競選期間，「長仔」全心全力輔選下，類似話語再也不復見了。

他對自己起起伏伏的政治路，自有一番見解。他說，就像爬山一樣，你可以選擇快速的征服一座山攻上峰頂，那是一種成就與快感，相對的也缺乏觀賞高山美景的樂趣，沿途的風景不也是我們爬這座山的目的不是嗎？若很快登上山峰，隨即而來的就是「準備下山」，白白損失了享受「登山之樂」！

想想不是如此嗎？「爬山」的目的，不全然在於「完成路程」，登上「高峰」，更重要的是放開心胸，沈浸在那山嵐之美，如此才是那「山岳之樂」啊！

好玩的秘書長

民進黨執政之後，這些過去衝撞體制的政治人物，在進入體制並且管理體制的同時，卻也有著許多「文化差異」的衝突。總統府秘書長邱義仁是一個職業欄永遠是

「秘書長」的人物，在民進黨內與謝長廷並稱「智多星」。據說有一回，他仍是民進黨秘書長時，有位黨工欲請辭至英國留學，辭呈送到秘書長室時，邱義仁在他的辭呈上批示：「一、如擬！二、該員於黨部表現良好，故贈黨旗一面，以便該員至英國宣達本黨理念」（只是大意，並非正確內容）。可不要當真了，他不過在說說冷笑話罷了。

　　而這種「素民文化」到了公部門更為有趣。行政院秘書長批示的公文相當多，對於這種「官場文化」，隨性慣了的邱義仁自有許多不適應。有次院內的承辦人員，呈了一份公文給秘書長批閱，由於簽呈內

容文字相當多，邱義仁一句不經意的「喔！內容那麼多，我沒唸過什麼書耶」，這可讓呈公文的的公務員緊張不已，頻頻說：「不會啦！秘書長學富五車，學識豐富……」講了一堆讚美的話就深怕秘書長生氣，邱義仁無奈竊笑說：「我只不過是喃喃自語一句話啊！」然他卻不知過去國民黨執政時代，官威可大了，這些善良的公務員豈敢得罪大官啊！不過民進黨執政團隊內的「大官」，雖是「威嚴不足」，卻也多了一派輕

鬆、隨和自在的親民作為。所以當邱義仁說出選戰有如「割喉戰」，割喉割到斷，就一點也不意外了。

阿媽立委

民進黨內的政治人物各具特色，普遍都有一種「可愛」的特點，而我感受到最讓人「溫暖」的，即是人稱「阿媽」的許榮淑立委。這位美麗島受難者家屬身份從政的台灣傳統女性，可不要看她現在年紀大了好欺負，當時的她可是有著「黨外鐵娘子」之稱，邱義仁、吳乃仁在學生時代都幫她助選過，當時的演講場可是聚集了十多萬名支持者聽講，可見許榮淑委員「阿媽的魅力」。

現在黨內或是一般社會大眾，對於阿媽有著不同看法，甚至有部分批評，然我卻有不同的看法。我在擔任民進黨青年部主任期間，積極推動建立一個長期培養年輕人才的機制，透過這個過程不僅可以培養優秀人才，更可以建立年輕人與民進黨的對話平台。在時任黨主席謝長廷的支持下，創辦「國會助理研習班」，透過為期一年的人才訓練過程，將過去的「戶外教學」（街頭運動），轉化成具體的課程，讓有心從事政治工作的年輕朋友有一個「入門」的機會，而訓練完後為了讓他們

有發揮才華的舞台，於是我尋求黨內立委的支持，希望他們可以善用這批由黨所訓練出來的優秀青年朋友。

　　雖然民進黨長期給社會大眾的觀感是比較年輕有創意的，但是年輕人才的培養卻是嚴重缺乏，在拜訪黨內立委的過程中，大都只是客氣的表示認同，結果對我而言，其實是失望的，因為民進黨各個派系山頭林立，大家都不相信，你會訓練人才「給我們用」。唯有「阿媽」給了我們青年部溫暖。拜訪當天，她本來有個外縣市的行程，知道是黨內的「年輕人」要來拜訪他，立刻趕回立法院研究室與我們會面，並且很親切的與我們交談，有著「鄰家阿媽」的親切感。

　　最終她雖沒有給我們太多「實質」上的幫助，但是她把這項事情「當作一回事」的態度讓我們感動與窩心，這是「態度」問題。她沒有所謂政治人物的驕氣，「阿媽」始終給人一種直率、誠懇的感覺，有著不同於其他政治人物的操作手法，不像有些政治人物是虛假的，她將自己最真實的一面完全表達。

「趙元定」先生

　　這本書中，我有提到專業幕僚的角色扮演，要做一個稱職的幕僚實在相當不容易，就有一個小故事，「活生生」地發生在我從學生時代就相識的好友身上。他目前是一位重量級政治人物的隨身秘書（為了顧及他的個人隱私，故隱其名，姑且稱他為Y

君），每天陪著老闆到處「探訪民情」，除了要與民眾做第一類接觸，也要幫老闆做一些政治判斷建議，工作時隨時都是「戰備狀態」。

　　某一天，他老闆要至某縣市進行拜訪，行程中安排會見一些地方人士，在過程中，Y君與辦公室行程安排人員電話中做再一次的確認（這是相當重要的），電話中Y君覆誦著：「老闆跟張委員、陳議員見面，再來趙元定，OK！了解！」。確認之後，Y君第一時間跟老闆報告：「您兩點與張XX委員會面，之後是陳XX議員，再來是趙元定先生。」「趙元定先生？！」　他的老闆出現相當多的「？」，說「趙元定是誰？我不認識啊！」。這下可緊張了，「是是是，我再跟辦公室確認一次！」，Y君馬上拿起電話火速打回辦公室，急忙問道「老闆兩點跟張XX委員會面、之後是陳XX議員，再來是趙元定先生，對吧？」，電話另一端傳來一陣狂笑：「趙元定？！沒有啊！那有趙元定，是『照原訂』計畫」，「X！你剛才又沒說『計畫』兩個字」，頓時Y君臉上三條線。

　　他於是有點不好意思再重新報告：「報告XX，您待會兩點跟張XX委員會面，之後是陳XX議員，那個趙元定不是先生，是照原訂計畫」。這時老闆也忍不住笑了。

大老V.S.老大

　　民進黨在執政之前，可說是「戰國時代」，各個政治勢力各據一方，即一般大家所知道「派系共治」，所以誰也不服誰，但是這種政治文化，反而使得較為黨內可以「大鳴大放」，對於黨內路線可以充分討論，使得民進黨贏得「改革」的形象，也使得年輕人較願接近民進黨。

　　但是民進黨長期只有「大老」沒有「老大」的政治文化，使得青年一輩對於「政

治倫理」觀念較無概念，黨內充滿一股「衝鋒陷陣」的氣氛，使得民進黨在短短的十六年，能夠邁向中央執政，就是黨內充滿著相互競爭的文化促使全黨一致往前衝。但是這種只有「大老」沒有「老大」的情況，因為中央執政而將有所改變，畢竟阿扁總統位居「制高點」，對於本黨的政治資源分配將擁有決定性的權力。但是不是民進黨從此進入「一人政治」的年代，幸好民進黨就是民進黨，「放砲」仍然是民進黨人的「習慣」，要大家閉嘴是相當高難度的，看看「大老」沈富雄常常是「語不驚人死不休」，這是一個相當好的例子了。

床頭吵、床尾和

　　老是看到政治人物在媒體上爭得面紅耳赤，不要以為他們真的有「不共戴天之仇」，其實有時只是表演罷了（尤其是在立法院）。幾年前，有兩位立法委員打得是血肉模糊的（是有一點誇張），其中一位立委還因此住院，脖子上還套了個「固定套」，看起來可真是嚴重，媒體也大肆報導，頓時鎂光燈在這兩位委員身上大放光彩，有時還會不小心看出這兩位立委得意的表情耶。政治人物作秀無可厚非，但是「秀」的內容要精彩些才是，這樣才不會「浪費」我們納稅人的血汗錢。

　　但是這兩位立委彷彿不是太「敬業」，因為他們的衝突只是為了發言順序的登記，兩人為搶奪登記先後而發生相互攻擊，讓人覺得實在是太「小題大作」了。過了一段時間，受傷的立委出院了，但是他脖子上的「固定套」依然隨著他在公共場合出現，那時我正在立法院服務，有一次正好與這位立委擦身而過，但是他的脖子並沒有套上「固定套」，說時遲那時快，他的助理說了一聲：「有記者」，只見那位立委立刻

將「固定套」套上脖子，裝出一副「病人樣」。天啊！這就是我們的立委，「愛作秀」的立委。

而其實這些政治人物在鏡頭前是一副樣子，私底下交情可好的很，只有我們這些看戲的人才會如此「入戲」，難怪朱高正會說「政治是最高明的騙術」。

美女政治人物

民進黨政治人物尤其是男性，比起台北市長馬英九來實在是「太不帥」了，陳文茜對於過去這些男同志們更是表示「外表實在不怎麼樣」，不但普遍不高，穿著打扮也相當保守，除了民進黨前主席施明德一幅「領結裝」外，還真的很不起眼。

其實政治人物的外在並不是那麼重要，只是在這「太平時代」，大夥總要對政治人物「品頭論足」一番。說起民進黨內，雖然帥哥不多（啊！我已經得罪人了，不知道以後要如何在黨內混啊！），但是美女級的人物卻不少。立委邱議瑩、蕭美琴、林岱樺　（這個　符號代表，語意未盡，還有很多！），都是其中的代表，只要他們一出面，「畫面」就會好看許多，為民進黨這個「草莽味」較重的政黨增添一絲溫柔。不過咱們這些「女俠」們，可不願大家只對他們的外表有所稱讚，最重要的是要注意他們的問政表現，畢竟頭皮下的東西才是重要的。

質詢與答辯時間 | 趙天麟

我要發問！

　　每次演講或授課到了尾聲，講者或老師都會問：「同學，有沒有問題？」大部分的時候都會先是一陣靜默，然後小聲的說：「沒有。」其實大家心裡有很多問題，但是不是害羞，就是急著想下課，所以就索性保持「緘默」，少了許多深入交流與互動的機會。

　　所以我在這本書我的部分草稿完成後，讓幾位年輕朋友看，並請他們發問，受限於篇幅，我整理了其中幾個值得參考的問答，讓您更瞭解政治怎樣玩。

　　不過，我也整理了幾個問題要問讀者，我雖無法馬上聽到您的回答，但請您在心中好好的想一想，這幾個問題都是很好的反思，對已經約定成俗的政治生態的省思。

請問趙天麟

Question1.我只是一個平凡老百姓，如果要從政，有什麼管道？的確，在

台灣民主政治仍過於庸俗，公費選舉遙遙無期，而「世代交替」呼聲雖沸沸揚揚，但還不是每一個政黨的共識時，年輕、平凡的國人要參選，有一定的難度。

但是相對於威權、人治的時代，法治與民主化的台灣，從政仍有鮮明的脈絡可尋，而且愈來愈制度化，這對社會地位較為弱勢的族群來說，愈來愈有保障。謹提供泛綠陣營參政參考管道：

參加政治營隊

青年學子或社會中堅人士參加由政黨、政治團體或政治人物舉辦的營隊、課程或講習，都是被政治人物網羅的好機會，李前總統阿輝伯創辦的「李登輝學校青年領袖班」、阿扁總統創辦的「凱達格蘭學校青年營」，高雄市長謝長廷創辦的「新文化研習營」，林義雄先生創辦的「慈林青年營」等，都是鮮明的例子。

擔任政治志工

以前是什麼都不能選，現在是從里長到總統通通可以

選，民選公職人員倍增，但在經費有限的情況下，正式專職助理可請的有限，泛綠公職相當需要為數眾多且任勞任怨的志工。由於是義務職，所以愈能深入參與的支持者，愈會受到公職的肯定與感激，相對接觸更進一步政治工作的機會也就愈多囉！

參加競選團隊

每到選舉，候選人就需要龐大的助選人員投入選戰，有的是專職，有的是兼職，也有的是義務職。「選舉」往往是最短時間內，學習到最多政治運作實務，以及培養「革命情感」的機會，所以建議積極投入競選團隊，一方面學習十八般武藝，另一方面也是最佳被發掘的好機會。

擔任黨務助理

如果台聯與民進黨中央或地方黨部有招募黨工的機會，也是一個投入政治的好機

會。因為泛綠陣營的黨務系統攸關選舉提名與平時協調公職的工作，如果能投入黨務系統歷練，將可跳脫單一公職本位的窠臼，培養各廣闊的人脈。在台聯黨中央任職的陳柏文就是全國台聯公職都認識的專業青年，其視野與個別公職的助理大不相同。

擔任民代助理

以高雄市議員為例，每位議員可以聘請六位助理，如果四十四位議員都請滿六位助理，高市議會就可提供兩百六十四位政治工作機會。試想，加上台北市在內的全台各縣市民代，還有立法院超過兩百位委員的助理，這是相當直接的從政管道。民代助理有機會成為民代的接棒者，雖不是絕對，但擔任民代分身的學習機會很可貴，民代助理的經歷，也是選民評估候選人的重要依據之一。

擔任首長機要

泛綠陣營開始有機會在地方和中央執政開始，「政府機關首長的機要秘書」才成為從政的機會之一。跟民代助理的從政管道一樣，泛綠首長與民代往往會從曾經參加過營隊、課程或選舉歷練過的人選裡揀選人才，除非具有個別局處的相當專業，要直接成為首長機要機會難得，可以把這管道視為晉階的步驟。

出身政治世家

政治世家參政不僅在台灣司空見慣，其實在民主發源地的英美兩國，家族政治也非罕見。家族的長輩如果有人擔任公職，其後輩及親屬自然在耳濡目染的薰陶下，比較有政治運作的經驗。只要政治世家不要凌駕於制度之上，成為「家族政治」，也不失為合理的從政模式。如果您有親友是公職，您又有意從政，快去投入他（她）的麾下，成為世家的一員。

非營利機構歷練

民進黨及台聯的黨公職人員在發展的歷程中，與工運、學運、社運及文化運動合作多於競爭，所以這些領域的幹部也經常是政治人才徵補的管道。工會、環保團體、婦女團體，或是身心障礙團體皆然，只要泛綠兩黨在「改革」的主軸沒有改變，以改革為核心的社會運動健將，都有機會轉至政治領域發展。

學術機構合作

　　民進黨執政後亟需產學人才，台聯也積極建立專業智庫，所以學術機構與泛綠合作法案、講習，甚至參與政治運作的機會很多，如果有機會投入較為活躍的學校系所、智庫就學或就業，就等於與政治領域間接連結。高雄市政府海洋局長柯宗廷能以六十二年次的年紀出任一級首長，就是中山大學海洋科學院學者的大力推薦（柯局長曾是該院高材生）。

關鍵人士推薦

　　金主、重量級支持者、親友或昔日長官等人士，經常是政治人物心目中的key man，透過這些人士的引薦，公職人員也會多加考慮。不過那只是重要參考之一，最重要還是自己的條件是否合適喔！

Question2.天下烏鴉一般黑，選誰不都一樣？

　　以前「勁報」還在的時候，曾做過年輕人對政治人物看法的民調，並要受訪者用「動物」形容政治人物。結果不是狐狸、老鼠就是野狗，「鼠輩橫行」可能是相當多年輕世代對政客的觀點。這也難怪「少年仔」對政治愈來愈冷漠，因為選誰都一樣「爛」。

　　可是政治職務是「一個蘿蔔一個坑」，優秀的人不角逐，貪贓枉法的人可不會客

氣，所以政治要清明，自認有理想性的世代可不能缺席。您不一定要從政，但可一定要關心政治，並用選票去蕪存菁。

　　高雄市政大改變就是最好的例子，換黨換人執政換來捷運動工、水質改善，城市風貌從醜醜的工業污染城市，變成美美的現代生態城市。對高雄來說，選誰，真的很不一樣！

Question3.我該怎麼監督民意代表與政府官員？

　　「關心、表達、參與」是監督公職的三部曲。

　　不關心就無法瞭解，首先要瞭解各公職民代的「法定職務」，再依照其所做所為來檢驗他（她）是否稱職。府會一定有官方網站，政治人物多有個人網站，透過網站，可以看見公職的成績單，這是一個初步關心的好場域。

　　表達，是促進選民與公職互動的第一步。您可以將對各項政策的看法或疑點拋出

來，無論是透過網站或直搗黃龍皆可，民代有服務處，市府有「馬上辦中心」，悄悄告訴您，會表達意見的人不多，所以勇於表達的市民，只要是理性訴求，都會很受重視。

　　參與更為重要，如果有機會受邀參加公職舉辦的活動，甚至是法案研究團隊，千萬不要客氣，您夢想的實現就在前方。不過若您永遠只是會講不要做，您的意見被重視程度會大大降低，因為連您都不想參與，您的「代表」為何要做？

Question4.關說對不對？「走後門」還有沒有用？

　　「關說」是一個中性名詞，即使有被污名化的現象。其實選民透過民代，或直接找上官員，表達對某件個案或是整體性政策的具體訴求，也是民主溝通的一環。

　　通常關說的項目是行政效率不彰，甚至是市民權益被行政單位侵害，不僅合情、合理、合法，更是民代應該伸張正義，行政單位要革新的對象。不過關說的項目很多是遊走法律邊緣，甚至是違法情事，那又該怎麼辦？

　　我個人的標準是：只要是合情合理，且在法律的灰色地帶，那就應該盡力為民眾爭取最大權益；即使有違法，甚至修改不合時宜的法令也在所不惜。我在本書提到的因應城市光廊而修改的「公園自治條例」就是如此。

　　然而若不合情理，即使合法我們都該協助行政單位勸說民眾撤回不恰當的主張，更不要說不合情、不合理、不合法的訴求。有的民眾以為民代可以「註銷罰單」就是不能接受的服務案件。

　　有人傳言教師甄選或人事升遷必須走後門、塞紅包，但以我的觀察，現在行政單位愈來愈透明化，例如環保局垃圾車司機任用都是公開招考，再依缺額與名次任用，這一切過程都公開在網路上，想藉民代插隊，一點機會都沒有。

　　如果您有發現貪瀆的具體事證，歡迎向天麟來檢舉，我一定會為您主持正義！

Question5.我還有問題要問，怎麼辦？

　　歡迎打電話或寄E-mail給我，我會詳細回答您。

趙天麟請問您

Question1.您家的婚喪喜慶他（她）有來，您會不會投給他（她）？

「跑攤文化」是台灣政治的特色，但是上帝是公平的，每個人都只有二十四小時，如果在您或家人的婚喪喜慶大日子，適逢議會或國會議程，結果某甲放棄議事廳問政職權蒞臨您的盛事，讓您很有面子；某乙禮到人沒到，但堅守議事崗位。您會投給誰？

Question2.如果您有一件違法的陳情案件我不願意接，但其他議員幫您「處理」好了，請問您會投給誰？

理想人人會講，但遇到自己的事情時，才是理想能不能實踐的考驗！

舉凡交通罰單、飆車被逮、圍標工程，或是塞紅包關說人事等，都是民代及官員眼中違法的陳情案件。大部分議員拒絕接受此種案件，但也有少數議員專靠打點違法案件營利、獲取選票支持。

如果是您遇到這種違法案件，您會不會找議員幫忙？假如您被我拒絕，但是被其他議員處理完成，下次您還會不會投給我？

Question3.您是不是「外貌協會」會員？

政治人物長得好不好看重不重要？一個會做事的「恐龍」，跟一位能力遜色的帥哥美女，您會投給誰？

這個問題絕不是專門針對馬英九與謝長廷而來，沒有人會否認現任日本首相小泉純一郎的高支持度會跟其俊美外表無關，連他兒子都已進軍演藝圈，可見帥氣指數有多高，威廉王子受歡迎程度遠超過他爸爸查理王子，再次印證「外貌協會」有「全球化」的趨勢。

但，這樣對政治的發展是健康的嗎？只問俊艷，不問表現，這樣對小市民又有什麼好處？

帥哥美女不是看韓劇就有一堆？想想吧！

Question4.拿歸拿，投歸投，您真的不會這樣嗎？

我先姑且相信，您不會投票給賄選的政治人物。

但是大部分人能接受的「拿歸拿、投歸投」，您會拒絕嗎？您可能不知道，這也是賄選的一種，您能不能有堅持「不要拿、絕不投」的骨氣？面對鄰居或朋友跟您買票，您直接回絕他（她）所造成的友誼危機，您能承受嗎？

Question5.如果有一個低薪、危險但榮耀的工作,您會接受嗎?

　　最後一個問題跟政治沒有關係,但我很想問。

　　我有一天在中國時報時論廣場版看到吳冠璋先生的文章,他舉了一個例子:一百年前英國探險家夏克頓在倫敦報紙上刊登,如同死亡切結書的徵人廣告——「誠徵三十人:低薪、工作環境寒冷、終日黑暗,極度危險,幸運的話也許會活著回來,帶著榮耀與名聲」。結果竟有超過五千人去報名,那次成功的南極探險光輝地留在人類探險史上。

　　吳先生藉此呼籲台灣應有探險的精神,不應輕易地在山岳間興建纜車而放棄攀登百岳的辛苦與自我超越機會。

　　您呢?如果有這樣的廣告,您會不會去應徵?

106- □□
台北市新生南路3段88號5樓之6

揚智文化事業股份有限公司　　收

□□□-□□
地址：　　市縣　鄉鎮市區　路街　段　巷　弄　號　樓
姓名：

Leaves
Publishing

書號 L4201　　　書名 政治這Young玩

葉子出版股份有限公司

讀 · 者 · 回 · 函

感謝您購買本公司出版的書籍。

爲了更接近讀者的想法，出版您想閱讀的書籍，在此需要勞駕您
詳細爲我們填寫回函，您的一份心力，將使我們更加努力！！

1.姓名：_____

2.性別：□男 □女

3.生日／年齡：西元_____ 年_____月 _____日____歲

4.教育程度：□高中職以下 □專科及大學 □碩士 □博士以上

5.職業別：□學生□服務業□軍警□公教□資訊□傳播□金融□貿易
　　　　　□製造生產□家管□其他_____

6.購書方式／地點名稱：□書店_____□量販店_____□網路_____□郵購_____
　　　　　　　　　　　□書展_____□其他____

7.如何得知此出版訊息：□媒體_____□書訊_____□書店_____□其他_____

8.購買原因：□喜歡作者□對書籍內容感興趣□生活或工作需要□其他

9.書籍編排：□專業水準□賞心悅目□設計普通□有待加強

10.書籍封面：□非常出色□平凡普通□毫不起眼

11. E - mail：_____

12喜歡哪一類型的書籍：_____

13.月收入：□兩萬到三萬□三到四萬□四到五萬□五萬以上□十萬以上

14.您認為本書定價：□過高□適當□便宜

15.希望本公司出版哪方面的書籍：_____

16.本公司企劃的書籍分類裡，有哪些書系是您感到興趣的？

□忘憂草（身心靈）□愛麗絲（流行時尚）□紫薇（愛情）□三色菫（財經、政治）
□ 銀杏（健康）□風信子（旅遊文學）□向日葵（青少年）

17.您的寶貴意見：

_____

☆填寫完畢後，可直接寄回（免貼郵票）。

　我們將不定期寄發新書資訊，並優先通知您
　其他優惠活動，再次感謝您！！

Leaves
Publishing

根　以讀者爲其根本

莖　用生活來做支撐

葉　引發思考或功用

果　獲取效益或趣味